# LA WICCA
# VIVANTE

*Du même auteur :*

*La Wicca, magie blanche et art de vivre*, Éditions du Roseau, 1998.

# SCOTT CUNNINGHAM

# LA WICCA VIVANTE

*La pratique individualisée*

*Traduit de l'anglais par*

Céline Parent-Pomerleau

Données de catalogage avant publication (Canada)

Cunningham, Scott, 1956-1993
    La Wicca vivante: la pratique individualisée
    Traduction de: Living Wicca.
    Fait suite à: La Wicca.
    Comprend des réf. bibliogr.
    ISBN 2-89466-035-9
    1. Sorcellerie. 2. Magie. 3. Rituel. I. Titre.
BF1566.C8414 1999    133.4'3    C99-941437-2

Conception graphique
de la page couverture: Carl Lemyre

Titre original: *Living Wicca, A Further Guide For The Solitary Practitioner*
        Llewellyn Publications, St. Paul, Minnesota

ISBN 2-89466-035-9

Dépôt légal: Bibliothèque nationale du Québec, 1999
        Bibliothèque nationale du Canada, 1999

Distribution: Diffusion Raffin
        7870, rue Fleuricourt
        St-Léonard (Québec)
        H1R 2L3

*Cet ouvrage est dédié
aux wiccas solitaires
en quelque lieu qu'ils soient.*

Une fois que nous connaissons les croyances et les pratiques fondamentales de la Wicca, l'étape suivante consiste en toute logique à vivre notre religion. Il nous appartient de déterminer dans quelle mesure celle-ci influencera nos vies.

J'ai voulu adresser ce guide non seulement à qui veut pratiquer la Wicca, mais aussi à qui veut la vivre. Il ne contient malgré tout que des idées et des suggestions. Chacun d'entre nous doit découvrir la voie parfaite. Puissent la Déesse et le Dieu vous apporter Leur aide dans cette quête.

Scott Cunningham
1956-1993

# AUX PRATIQUANTS DE
# LA WICCA « TRADITIONNELLE »

Ce manuel destiné aux pratiquants individuels de la Wicca ne constitue pas une attaque contre la Wicca traditionnelle, ses traditions, ses covens ou ses méthodes usuelles d'apprentissage. À l'instar de l'ouvrage qui l'a précédé\*, ce guide a été conçu pour ceux qui n'ont pas accès à la Wicca conventionnelle, à ses traditions, à ses covens ou à ses méthodes usuelles d'apprentissage.

Certains d'entre vous pourraient considérer ce livre comme une insulte à la forme de Wicca qu'ils pratiquent. Je répète donc qu'il s'agit d'un guide pour les pratiquants individuels qui n'ont pas accès à votre forme de Wicca. Ceci ne diminue en rien sa valeur ou celle de toute autre tradition wicca.

Je vous invite à lire avec ouverture d'esprit et à vous remémorer l'époque où vous aussi étiez avides d'apprendre.

---

\* *La Wicca, magie blanche et art de vivre*, Éditions du Roseau, 1998.

*Note linguistique*

Il existe actuellement une vive controverse sur le sens exact (et primitif) du mot «wicca». Il n'est pas dans mes intentions d'entrer dans ce débat ou de l'alimenter, mais je ne crois pas que je puisse utiliser ce terme sans l'avoir d'abord défini. Par conséquent, le mot «wicca» sera employé à l'intérieur de cet ouvrage pour décrire la religion elle-même (une religion païenne peu structurée fondée sur le respect des forces créatrices de la Nature, généralement symbolisées par une déesse et un dieu), ainsi que pour désigner les pratiquants des deux sexes. Le terme «sorcier», quelquefois utilisé pour désigner les pratiquants du sexe masculin, n'est presque jamais employé par les wiccas eux-mêmes, j'ai donc évité d'en faire usage ici. Quoique certains emploient les termes «wicca» et «sorcière» de façon presque interchangeable, je préfère le mot «wicca», plus ancien et moins galvaudé, si bien que je l'utilise dans presque tous les cas.

# INTRODUCTION

C et ouvrage est constitué de nouvelles instructions à l'usage du pratiquant individuel de la Wicca. Il tient pour acquis que le lecteur possède une certaine expérience de notre religion et que, par conséquent, il n'a pas à chercher la définition de tous les termes spécialisés et appellations rituelles. En consultant le glossaire, vous pourrez vous les remettre rapidement en mémoire.

La première partie de ce livre consiste en des exposés sur un ensemble de sujets qui revêtent une importance ou un intérêt particuliers pour les pratiquants individuels de la Wicca. La deuxième partie réunit des prières quotidiennes et des rituels d'offrande et d'action de grâce ainsi que des indications pour accroître l'efficacité de la prière et de la magie. Enfin, la troisième partie propose un système pour vous aider à créer votre propre tradition wicca.

Cet ouvrage a été écrit en partant de ce seul principe : la Wicca est une religion ouverte. Chacun peut se présenter à l'autel et rendre un culte à la Déesse et au Dieu, initié ou non, seul ou en compagnie d'autres personnes. La Wicca est accessible à qui désire la connaître.

*La Wicca vivante* s'adresse à ceux que la lune brillant à travers le feuillage a enchantés; à ceux qui ont entrepris l'exploration du monde sublime qui sous-tend l'existence quotidienne, et qui accueillent la Déesse et le Dieu les mains levées vers le ciel, debout dans des cercles enveloppés de fumée tandis que les flammes des chandelles dansent sur l'autel. Ce livre est destiné à ceux d'entre nous qui, de leur propre choix ou du fait des circonstances, rencontrent la Dame d'argent et le Dieu cornu en solitaires.

Les lecteurs de *La Wicca, magie blanche et art de vivre* m'ont demandé d'écrire un ouvrage dans le même esprit, étant donné la rareté des documents se rapportant à la pratique individuelle de la Wicca. J'espère sincèrement que ce livre saura répondre au moins partiellement à ce besoin.

D'ici notre prochaine rencontre, soyez bénis.

Scott Cunningham
La Mesa, Californie
10 juillet 1992

PREMIÈRE PARTIE

# L'APPRENTISSAGE

# 1

# Les outils d'apprentissage

Les membres des covens ont la possibilité de consulter des instructeurs, de faire leur apprentissage à l'intérieur des cercles, d'enrichir leurs connaissances et de se laisser guider en profitant de l'expérience des autres wiccas. Toutes ces ressources font défaut aux wiccas solitaires. De quels outils disposons-nous alors pour faire notre apprentissage ?

Nous devons faire preuve de créativité. L'apprentissage solitaire représente une véritable gageure que nous sommes en mesure de relever avec l'aide de quatre outils :

- ❖ *l'étude*
- ❖ *la réflexion*
- ❖ *la prière*
- ❖ *l'expérimentation*

Le recours à ces outils constitue la méthode par excellence pour permettre au pratiquant individuel de pénétrer plus avant dans la connaissance et la compréhension de la Wicca. Si vous êtes prêt à vous faire confiance, si vous êtes disposé à réfléchir, si vous n'êtes pas obsédé par l'idée de commettre une erreur, il est possible que vous trouviez une réponse à presque toutes vos questions grâce à cette approche en quatre points.

Il n'existe pas de « seule vraie » méthode pour la projection du cercle, l'invocation à la Déesse et au Dieu, l'observance des rituels saisonniers ou la pratique de la magie wicca. La diversité des formules d'invocation à la Déesse et au Dieu, des méthodes de projection du cercle et des pratiques associées aux saisons, met en relief l'occasion unique qui se présente au wicca solitaire : la possibilité de découvrir de nouvelles pratiques cérémonielles que d'autres, conditionnés à n'accepter que certaines formes d'expressions de la Wicca, n'ont peut-être pas envisagées.

Comment y parviendrez-vous ? Par l'étude, la réflexion, la prière et l'expérimentation.

## L'ÉTUDE

Les livres ont toujours été des instruments magiques. Il suffit de tourner une page pour être transporté au fond de l'océan, dans l'immensité d'un désert ou sur la surface de la lune. Les livres ont le pouvoir de nous réconforter, de guérir nos blessures, de nous redonner courage ou de raviver notre ferveur. Ils peuvent aussi piquer notre curiosité, éveiller notre esprit, nous enseigner de nouvelles aptitudes et modifier nos opinions. Ce sont de formidables outils de changement.

De nombreuses personnes découvrent la Wicca par la lecture, et la plupart font appel aux livres pour guider leurs premiers pas sur cette voie. Lorsqu'ils sont rédigés avec concision par des wiccas expérimentés, ces ouvrages peuvent constituer de précieux instruments de formation. Dans les ouvrages sérieux sur la Wicca, les lecteurs y trouvent une grande prêtresse et un grand prêtre, un coven, des amis.

En effet, comme il existe peu d'instructeurs disposés à enseigner la Wicca, et que ces derniers ne peuvent former adéquatement qu'un nombre restreint d'élèves, nous nous en remettons à l'expérience et à l'autorité des ouvrages des auteurs wiccas. Ces œuvres sont devenues pour une grande part les instructeurs de l'ère nouvelle où s'engage la Wicca.

Toutefois, la lecture de plusieurs ouvrages engendre parfois une certaine confusion. Il arrive que les exposés des auteurs sur les pratiques rituelles et les concepts wiccas se contredisent. Certains obscurcissent à dessein le savoir wicca en recourant à une forme de prose mystique. Lorsque les experts affirment les uns après les autres que leur voie est la meilleure ou la plus sûre, le pratiquant individuel assoiffé de réponses s'interroge encore plus. (Dans les œuvres contemporaines sur la Wicca, cette tendance se résorbe, toutefois plusieurs anciens ouvrages renfermant de tels énoncés sont encore disponibles.)

Dans un livre, on lira que « l'autel se trouve toujours à l'est » et dans un autre, toujours au nord. Il est possible qu'un auteur écrive que tout mouvement dans le sens contraire des aiguilles d'une montre est interdit à l'intérieur du cercle alors qu'un autre ordonnera au lecteur de se déplacer précisément dans ce sens. Les auteurs varient quant aux dates ou aux noms des sabbats et des esbats. Des appellations, des qualités, des fonctions différentes sont attribuées aux outils.

Les livres qui avaient inspiré le pratiquant individuel à ses débuts dans la Wicca finiront peut-être par faire son désespoir et jeter la confusion dans son esprit. Il décidera peut-être de les mettre de côté, après avoir résolu qu'ils ne pouvaient lui apporter la vraie connaissance.

Cette situation regrettable peut être évitée si l'on garde cette idée à l'esprit : chaque livre est un instructeur différent. Chaque instructeur a des opinions personnelles sur le sujet enseigné. Imaginez par exemple quatre coureurs automobiles experts donnant une formation à des débutants. Chacun apprend à son élève les rudiments de ce sport dangereux : les caractéristiques des moteurs de haute performance, la meilleure huile, les stratégies les plus efficaces au cours de la course elle-même. Chaque pilote donne son enseignement de façon différente et subjective, mais tous enseignent la course automobile.

En tant qu'instructeurs, les livres sur la Wicca agissent de manière semblable. Les expériences et la formation de chaque auteur ont engendré chez lui des idéaux personnels en relation avec la Wicca, qui sont mis en évidence dans ses livres. Les divergences d'opinions entre experts sont une chose normale dans tous les domaines du savoir et il convient de ne pas se laisser décourager par celles-ci.

Lorsque des informations apparemment contradictoires vous posent un défi, étudiez-les et déterminez ensuite le meilleur parti à prendre. Écoutez votre intuition. En d'autres termes, accordez-vous la liberté de choisir parmi les rituels déjà publiés ce qui *sonne vrai* à votre cœur. Cette forme de choix se révélera généralement la plus efficace.

J'entends déjà les commentaires de certains d'entre vous : « Un instant ! Je serais incapable de procéder ainsi ! Je... je n'aurais aucun moyen de savoir si je procède correctement. J'ai besoin que l'on m'enseigne ! »

C'est là où vous entrez en action. Vous devenez votre propre instructeur, et les livres vous fournissent une partie des leçons. Apprenez à vous faire confiance, à résoudre les difficultés de votre mieux. Par la réflexion. Par la prière. Par l'expérimentation (consultez les trois prochaines sections de ce chapitre). Mettez-vous tout simplement à l'œuvre.

Les livres ne sont pas infaillibles. Certains ne contiennent pratiquement aucune information valable. Bien des lecteurs ont tendance à avaler tout ce qui est écrit dans les livres. « Après tout », se disent-ils, « c'est écrit ici, à l'intérieur de ce livre. Cela prouve que c'est vrai. » Malheureusement, n'importe qui ou presque peut écrire un livre et même le faire publier. Est-ce une garantie de la véracité de son contenu ?

Non. En fait, certains éditeurs spécialisés continuent de publier des livres mensongers qui décrivent le caractère « satanique » de la Wicca et dépeignent des rites consistant en des sacrifices humains, des orgies, des prières à Satan. Rédigés par quelques pseudo-chrétiens pleins de hargne, les livres de ce genre sont faciles à repérer parmi les autres sur les rayons, car ils font une utilisation systématique des citations bibliques. Il vaut mieux éviter ces bouquins ignobles qui n'ont rien à nous enseigner.

Bien qu'ils soient l'œuvre d'érudits ou d'auteurs soucieux d'exposer fidèlement les croyances et les pratiques de la Wicca, d'autres ouvrages renferment parfois des informations erronées. La plupart des études sur la foi wicca (comme celle de Tanya Luhrman, *Persuasions of the Witches'Craft*) sont à tel point teintées des préjugés de leurs auteurs que la vérité arrive difficilement à se glisser entre leurs pages. Encore une fois, il vaut mieux éviter les ouvrages de cette nature ainsi que tous les livres sur la Wicca écrits par des non-wiccas.

Les exposés enthousiastes sur la magie noire que l'on rencontre à l'intérieur de certains livres constituent un autre piège. On trouve généralement les passages de cette sorte dans les recueils d'incantations et non dans les documents wiccas. Reste que les pratiquants individuels de la Wicca sont enclins à lire sur la magie, et la majorité de ces ouvrages décrivent les prodiges accomplis par les sortilèges en plus de révéler de nombreuses méthodes pour jeter des sorts à ses ennemis. Ces ouvrages peuvent par ailleurs renfermer des éléments intéressants, mais les passages de ce genre contribuent à perpétuer l'idée fausse que la magie noire est acceptable. Il suffit de réciter la règle wicca *«Ne blesse personne»* pour trier et éliminer les documents appartenant à cette catégorie.

Enfin, certaines œuvres plus anciennes d'auteurs wiccas renferment des affirmations apparemment indiscutables qui se révèlent totalement erronées. «La Wicca est une religion britannique»; «la nudité est exigée lors de vos célébrations rituelles»; «les rites à caractère sexuel sont obligatoires dans la Wicca»; ou la proverbiale «il faut une sorcière pour en faire une autre» (i.e., l'initiation est obligatoire). Dans le contexte des traditions particulières de ces auteurs wiccas, ces assertions peuvent être fondées. Toutefois, elles sont dénuées de tout fondement pour tous ceux qui n'appartiennent pas à leurs traditions.

Nous n'avons pas à nous préoccuper de ces affirmations lorsqu'elles se présentent dans nos lectures.

Les ouvrages sur l'histoire ancienne de la Wicca véhiculent
l'une des formes de désinformation les plus courantes sur cette
dernière. Je ne m'attarderai pas sur ce sujet, mais je vous invite
à faire preuve de discernement et à éviter d'accepter sans critique les récits sur la Wicca des temps anciens.

Si les livres ne constituent pas des sources d'information
infaillibles, ils peuvent devenir de précieux alliés dans la voie
solitaire, à condition de ne pas oublier les points suivants :

❖  Les livres sont des outils qui sont faits pour servir. Ils
offrent des leçons ; il nous appartient de les mettre en pratique.

❖  Les livres ne peuvent répondre à toutes les questions,
d'ailleurs nul instructeur ou grande prêtresse n'en est capable.

❖  Faites preuve de jugement dans vos lectures. Si un
auteur fait une affirmation extravagante que vous savez fausse,
envisagez la *possibilité* que ce livre constitue une source d'informations erronées.

❖  Marquez les pages de vos volumes. Soulignez les passages importants au crayon ou identifiez les sections particulièrement intéressantes à l'aide de signets. Vous souhaiterez
peut-être y faire des ajouts – à l'exemple de plusieurs wiccas.
(Les puristes pourront se procurer un nouvel exemplaire et le
conserver intact dans leur bibliothèque.)

❖  En puisant dans bon nombre d'ouvrages, réunissez des
informations sur un sujet spécifique tel que la magie, la mobilisation de l'énergie ou la création du cercle. Prenez des notes et
faites une synthèse des enseignements de plusieurs œuvres. En
plus de faciliter l'assimilation (et l'utilisation) de cette information, cet exercice vous aidera à découvrir ce qui vous convient le mieux. (Ce processus de collecte, de synthèse et
d'utilisation des informations revêt un caractère déterminant

dans l'apprentissage de toute nouvelle profession, technique, religion ou activité de loisirs. Voir la troisième partie du présent ouvrage.)

❖  Si votre budget ne vous permet pas l'achat de volumes, réaménagez-le ou fréquentez les boutiques de livres usagés de votre région. Les bibliothèques peuvent être une autre source de volumes sur la Wicca, mais ne vous attendez pas à les trouver sur les rayons ; les exemplaires disponibles attirent généralement les voleurs. Dans la majorité des bibliothèques, les livres sur l'ésotérisme sont rangés derrière le comptoir ou encore dans la réserve. Lorsque vous empruntez des volumes sur la Wicca, il arrive que certains bibliothécaires prennent un air dégoûté. Si cela vous pose un problème, dites que vous faites une recherche sur le sujet, demandez à la personne ce qui ne va pas ou contentez-vous de la regarder fixement sans rien dire. (En fait, la majorité des bibliothécaires ne se préoccupent pas du sujet des volumes empruntés.)

❖  Pour finir, n'envisagez pas la lecture comme une occupation passive. Transformez-la plutôt en un processus vivant au sein duquel vous jouez un rôle central. Interrogez-vous sur tout ce que vous lisez, même sur le présent ouvrage et sur ces indications. Réfléchissez sur ce que vous apprenez (voir la prochaine section) et ne croyez jamais un auteur sur parole. Recherchez les mêmes thèmes dans des sources différentes en gardant à l'esprit le précepte « ne blesse personne ». Les livres sont de merveilleux professeurs, mais nous devons apprendre à écouter leurs messages et à nous faire confiance afin que leurs leçons puissent prendre vie.

## LA RÉFLEXION

J'ai déjà souligné l'importance de la réflexion indépendante dans la démarche de l'étude. Ce travail de la pensée doit se poursuivre une fois votre lecture terminée. Plusieurs instructeurs wiccas affirment que leurs cours ne sont qu'une introduction; qu'ils devraient servir de tremplin dans la poursuite de l'apprentissage. Cela n'est possible que lorsque nous réfléchissons à ce qui nous a été enseigné.

Cette attitude est à l'opposé de la philosophie du «pensez ce que je pense, croyez ce que je crois» épousée par la plupart des systèmes d'éducation de ce pays*. Considérée comme une menace pour l'ordre établi, la libre pensée met des bâtons dans les roues de la pédagogie conformiste. Elle est découragée à tous les niveaux sauf dans certaines disciplines hermétiques de l'enseignement supérieur (programmes de maîtrise, recherche médicale, physique, etc.).

La réflexion va souvent de pair avec le questionnement. La question devient l'instigatrice du processus d'apprentissage. Grâce à la lecture, puis à la réflexion sur ce que l'on a appris, il est possible de répondre à la question «Comment crée-t-on un cercle magique?». Ce travail de réflexion doit *absolument* accompagner l'acquisition d'informations nouvelles afin que celles-ci deviennent applicables en tout temps.

L'examen détaillé des nouvelles données (les différentes méthodes de projection du cercle, par exemple) vous permet d'éliminer les éléments qui ne vous satisfont pas. Si la lecture d'un rite de consécration de l'athamé vous laisse froid, ou s'il exige la participation de deux personnes, vous pouvez simplement le ranger dans un coin de votre mémoire. Par conséquent, la réflexion sur ce que vous apprenez est une composante du processus d'élimination et de découverte des pratiques wiccas qui répondent exactement à vos besoins. Elle fait partie intégrante de la démarche d'apprentissage.

Tout ce qui est mentionné plus haut s'applique aussi aux questions concernant la Déesse et le Dieu, la réincarnation, la morale et à tous les autres aspects du culte et de la pratique wiccas.

Plusieurs nouveaux pratiquants individuels de la Wicca se posent une foule de questions sur la Déesse : «Quelle

---

* Les États-Unis.

apparence a-t-elle? Quelle est la meilleure méthode pour entrer en rapport avec elle? Existe-t-elle vraiment? Puis-je la toucher? D'où vient-elle? Par quels symboles devrais-je la représenter?» L'étude et la réflexion permettent de trouver réponse à bon nombre de ces interrogations alors que d'autres questions exigent de recourir à la prière et à l'expérimentation.

La *réflexion* devrait aussi aller de pair avec le *sentiment*. On nous a enseigné à ne pas faire confiance à nos sentiments. Toutefois, nous, wiccas, sommes en mesure de reconnaître que nos sentiments nous ont d'abord poussés vers la Wicca. Serait-il sage de faire abstraction de ces derniers? Je ne le crois pas.

L'intuition (cette connaissance ou ce sentiment inexpliqué qui se révèle à la conscience de veille) est une manifestation de la conscience de l'âme. L'utilisation de cet outil revêt une importance capitale dans l'apprentissage de la Wicca, car l'intuition permet de filtrer les informations d'une valeur douteuse. Les réactions que ces informations éveillent en vous peuvent influencer fortement les décisions que vous prendrez.

La réflexion constitue donc une composante indispensable de l'apprentissage individuel de la Wicca. Elle peut être résumée ainsi :

❖ Définir les questions (si nécessaire).

❖ Examiner et recueillir les informations.

❖ Identifier vos sentiments à l'égard de ces informations en faisant appel à votre intuition.

❖ D'après ce qui précède, choisir les informations applicables à votre pratique individuelle de la Wicca.

# LA PRIÈRE

La prière est un autre outil mis à la portée des wiccas. Lorsque vous avez l'impression de piétiner, que vous ne trouvez pas l'information recherchée dans les livres ou y recueillez des données qui jettent la confusion dans votre esprit ; lorsque vous avez vraiment besoin d'aide, demandez du secours. Il n'est pas nécessaire que ces prières s'accompagnent de longs rituels (en particulier si vous n'avez pas encore choisi les rites qui vous conviennent le mieux). Un geste ou une activité peuvent venir compléter votre prière : allumez une chandelle ou faites une promenade à pied dans la forêt ou dans un parc. Vous pouvez prier en caressant votre chat, en contemplant un feu de bois, en prenant une douche ou un bain. Vous pourriez toujours utiliser un instrument de divination, comme le jeu de tarots, le pendule, les runes. Toutefois, il convient d'utiliser ces outils après la prière – non avant.

La structure de la prière importe moins que l'émotion dont vous la chargez et la clarté de votre requête. Vous pouvez vous adresser uniquement à la Déesse ou à la Déesse et au Dieu. Dites-leur que cette information vous est nécessaire, que vous avez besoin d'être éclairé sur la situation actuelle et remerciez-les de leur aide.

La vraie prière ne consiste pas seulement en des paroles, car le pratiquant libère de l'énergie en priant la Déesse et le Dieu. Comme la nature a horreur du vide, votre prière aura une réponse (voir le Chapitre 8 pour des informations supplémentaires sur la prière wicca).

Cette réponse peut prendre des formes diverses. Elle peut consister simplement en une voix qui dira soudain : « J'ai beaucoup de choses à t'apprendre. Dispose deux chandelles sur l'autel. Célèbre les sabbats le soir, lorsque tout le monde est endormi. Tu n'as pas à être initié pour le moment. Le vin convient parfaitement, mais tu peux aussi employer le cidre de pomme ou le jus de raisin. » Il est possible d'avoir ce genre de communication directe avec la Déesse parce qu'une étincelle de son feu divin brûle à l'intérieur de chacun de nous. Toutefois, cela se produit assez rarement.

De façon plus générale, les messages se manifestent sous une forme symbolique : un nuage prend une forme ; cette forme vous inspire peut-être une réponse, tout comme les cartes, les pierres ou le mouvement d'un pendule. La prière que vous faites avant de vous endormir afin d'obtenir une information particulière peut recevoir une réponse par le rêve. Ce sont des rêves importants, qu'il importe de mettre par écrit. Étudiez-les afin de déterminer s'ils ont un rapport avec votre question. (Pendant le sommeil, la communication avec la Déesse et le Dieu est grandement facilitée, car lorsque la conscience de veille incrédule n'est plus là pour mettre des entraves, nous passons les commandes à l'inconscient – ou conscience de l'âme.)

Votre prière peut être exaucée de bien d'autres façons. L'information recherchée pourrait se trouver dans un livre qui vous tombe sous la main ou dans un article d'une publication sur la Wicca que vous venez de recevoir par la poste. Les prières sont toujours exaucées, mais il arrive que ce soit de façon indirecte.

N'oubliez pas cependant que les réponses que vous obtenez n'ont peut-être de signification que pour vous-même. Si la Déesse vous a parlé, c'est à vous qu'Elle s'est adressée et non à tous les wiccas. Il est probable que ses messages ne soient d'aucune utilité pour autrui. Si vous êtes fasciné depuis toujours par les pierres semi-précieuses et qu'Elle vous dit de faire un cercle avec celles-ci, cette indication vous convient parfaitement, mais elle peut se révéler tout à fait inappropriée pour d'autres personnes. Les révélations divines s'adressent en général à l'individu et non à la masse. Si les connaissances recueillies de cette façon doivent certainement être utilisées, cela n'enlève rien à la valeur des pratiques des autres wiccas. Nous pouvons recevoir des messages divins, mais personne, en aucun cas, ne saurait se faire *le* porte-parole de la Déesse.

Les réponses apportées par la prière appellent l'attention et les remerciements (le Chapitre 10 propose des rites d'action de grâce à la Déesse et au Dieu).

La prière représente un instrument de collecte d'informations dont il faut tenir compte. Elle semble éthérée, mais faut-il se surprendre de son efficacité lorsque l'on songe à sa source?

## L'EXPÉRIMENTATION

Vous avez lu de nombreux ouvrages et avez réfléchi sur ce que vous avez appris. Vous avez ensuite réuni des informations de différentes sources, les avez soumises au crible de vos sentiments (de votre intuition) et avez demandé l'appui des déités par la prière. Que devez-vous faire ensuite? L'étape suivante consistera à mettre en pratique les connaissances acquises.

Ne l'oublions pas, la Wicca est une religion vivante. Les religions n'existent pas dans un cadre théorique ou rituel : elles ne prennent vie que si elles sont vécues et pratiquées. Les formes extérieures (les rituels, l'usage d'instruments) doivent leur importance au fait qu'elles symbolisent des processus immatériels et nous rappellent ce qui nous amène avant tout à la Wicca.

Commencez à expérimenter avec différentes formes de rituels. Juxtaposez-les à votre gré, puis éliminez les combinaisons boiteuses et conservez celles qui vous satisfont pleinement. Ne permettez pas que votre démarche créative soit perturbée par des questions telles que : « Est-ce la façon de procéder? Est-ce que je m'y prends mal? » Celles-ci vous empêcheront simplement d'avancer.

L'expérimentation constitue une étape indispensable dans le choix de tous les aspects de la pratique individuelle de la Wicca : les fêtes – des célébrations saisonnières aux esbats –, les techniques de mobilisation et de projection du pouvoir, les rituels de magie, l'emploi et le symbolisme des instruments, l'initiation personnelle de même que tous les autres éléments extérieurs de la Wicca.

❖ ❖ ❖

Ce programme d'apprentissage individuel en quatre points peut sans doute vous aider à définir vos croyances et vos pratiques wiccas. La réincarnation tient-elle une place importante dans votre observance de la Wicca ? Jusqu'où peut aller l'application de la règle « Ne blesse personne » ? Quel moment convient le mieux à la célébration des rituels ? Devez-vous créer un espace sacré à chaque pleine lune et lors de tous les sabbats ? Pouvez-vous projeter le cercle à d'autres moments ? Il est possible de trouver réponse à chacune de ces questions par l'étude, la réflexion, la prière et l'expérimentation.

La troisième partie de ce livre inclut un guide complet pour vous aider à créer votre propre tradition wicca et à rédiger votre *Livre des ombres* personnel. Si vous décidez de faire ce pas, les informations incluses dans ce chapitre devraient s'avérer utiles.

Il est possible que vous décidiez que rien de tout ceci n'est nécessaire. Ou que vous découvriez une série de rituels que vous adopterez à l'exclusion des autres. Encore une fois, c'est parfait. Mais lorsque vous aurez des questions sur ces rituels, vous souhaiterez peut-être suivre la procédure exposée à grands traits dans le présent chapitre pour y trouver réponse.

La voie de la Wicca solitaire peut s'avérer ardue, mais l'apprentissage par essais et erreurs constitue une excellente école. Vous acquerrez de l'expérience en même temps que des connaissances, et additionnerez aussi les questions, ce qui vous poussera à l'*étude*, à la *réflexion*, à la *prière* et à l'*expérimentation*.

Le pratiquant individuel de la Wicca n'a pas l'ambition de posséder toutes les réponses, mais de découvrir les plus importantes ; en pratiquant notre religion et en recourant à ces outils d'apprentissage, nous parviendrons à les trouver.

# 2

# Le secret

L e secret tient une place si importante dans la Wicca et dans la magie qu'il convient ici de dire quelques mots à ce sujet. Dans le présent chapitre, nous aborderons les deux aspects séparément.

## LE SECRET ET LES ACTIVITÉS WICCAS

Dans un passé encore proche, quand notre religion comptait beaucoup moins de membres et que l'intérêt pour les cultes païens était inexistant aux États-Unis, les wiccas se montraient en général très discrets sur leur religion. La menace du foyer désuni, de la perte d'emploi, de domicile et même de la garde des enfants, n'avait rien d'illusoire. Les wiccas avaient appris à entourer leurs activités religieuses du plus grand secret et seuls leurs parents ou leurs amis très proches savaient ce qu'ils faisaient les nuits de pleine lune (et pourquoi ils demandaient toujours une journée de congé après les sabbats).

En général, ces wiccas étaient membres d'un coven et ils avaient juré le secret au moment de leur initiation. Il leur était interdit de révéler plusieurs informations, parmi lesquelles leurs noms magiques, l'identité des autres membres du coven, la nature des activités accomplies dans le cercle ainsi que les rituels magiques et religieux particuliers à leur groupe. Même si certains wiccas étaient disposés à parler de leur religion, ils devaient alors braver l'opinion publique et la loi du secret. La plupart des wiccas menaient une double vie : la première liée au travail, aux associations de parents d'élèves, aux disputes entre voisins, à la planification financière et aux autres activités courantes telles que le lavage de l'auto ; l'autre imprégnée de religion et de magie.

Aujourd'hui, la situation s'est quelque peu modifiée. Chaque numéro du magazine *Circle Network News* dresse la liste d'un nombre important d'articles constructifs sur la Wicca parus dans des magazines et des journaux d'intérêt général. Des articles sur les wiccas et les fidèles de la Déesse ont été publiés en première page du *Wall Street Journal*. Les *talk-shows* télévisés raffolent des causeries sur la « sorcellerie » où des wiccas sont invités à venir parler de leur religion.

Cette médiatisation a contribué très largement à faire connaître notre religion aux non-wiccas. Leur conception de la Wicca est peut-être inexacte, mais ils ont découvert son existence.

Il arrive que des wiccas reconnus soient invités à parler de leur religion à des assemblées de fidèles d'autres confessions religieuses. À l'instar des membres du clergé d'autres religions, plusieurs œuvrent auprès des prisonniers. Certaines associations wiccas sont reconnues par le fisc comme des organisations religieuses bénéficiant d'une exonération d'impôts (cette reconnaissance n'a toutefois pas été accordée à la Wicca dans son ensemble). L'armée américaine a donné des directives à ses aumôniers pour que la Wicca soit reconnue comme un choix religieux légitime. De temps à autre, les pages religieuses des journaux proposent des articles sur la Wicca.

Malgré tout, il règne actuellement un climat de confusion, de doute et de peur. Les personnes qui ont grandi dans une religion se sentent menacées lorsqu'une autre fait sentir sa présence, en particulier lorsqu'il s'agit d'une religion aussi méconnue que la Wicca. Quelquefois, cela peut conduire à la violence et au meurtre.

Les réactions de cet ordre sont la conséquence directe de la désinformation dont est abreuvé un public peu méfiant. Ces mensonges proviennent en grande partie des télévangélistes (qui ont eu leur heure de gloire et sont maintenant en voie de disparition), mais plusieurs prédicateurs à la mentalité étriquée continuent de nous qualifier d'êtres sataniques, de tueurs d'enfants démoniaques ayant pour seul objectif de gouverner le monde. Même le mouvement récent popularisé dans les médias comme le « Nouvel Âge » a souvent été présenté comme une menace satanique pour le christianisme.

Nous savons que c'est absurde, mais il n'en va pas de même pour plusieurs non-wiccas. Face à de tels emportements, on peut se demander s'il convient de dévoiler votre religion à vos parents, à votre conjoint, à vos enfants, amis, employeurs, propriétaires et voisins? Et si ce n'était qu'à certains d'entre eux? À qui le diriez-vous? Une pareille révélation pourrait-elle créer de la colère, de la peur et de l'incompréhension, au point que vous en viendriez à souhaiter n'avoir rien dit?

C'est possible. Le contraire peut aussi se produire. Avouer à votre partenaire que vous pratiquez une religion différente peut en fait contribuer à raffermir les liens qui vous unissent (« Eh bien, au moins tu crois en *quelque chose* ») ou à régler certains points non résolus (« C'est donc ce que tu fais une fois par mois à minuit »).

L'inverse peut aussi se produire. Votre partenaire prendra peut-être ses distances, votre employeur vous mettra à la porte, vos voisins vous éviteront, vos parents seront bouleversés (s'ils adhèrent à une religion plus conventionnelle) et votre propriétaire vous donnera un préavis d'un mois ou ne reconduira pas votre bail.

Un employeur compréhensif vous accordera peut-être quelques jours libres pour votre pratique religieuse. Vos voisins sauront qu'ils ne doivent pas vous rendre visite à l'improviste les soirs de pleine lune. Et votre propriétaire? Eh bien, il est peut-être préférable de ne pas en parler à tout le monde. Cette décision doit être pesée, car votre lieu de résidence pourrait changer rapidement par suite de cette révélation.

La décision d'informer autrui ou non, de même que le choix du moment propice et des personnes que vous aviserez, doit être fondée sur les éléments suivants : votre connaissance de la Wicca, votre engagement au sein de la religion (après un certain temps, il peut être assez difficile de garder le secret), vos rapports avec les gens que vous pourriez mettre au courant, le climat religieux de votre région et votre aptitude à discuter d'un sujet aussi personnel que la religion.

En général, rien ne vous force à faire cette révélation, même à votre conjoint. Si ce dernier vous interroge, vous souhaiterez peut-être en discuter, mais personne n'a le droit de savoir ce que vous faites le 31 octobre au soir. La liberté religieuse consiste précisément en cela – le droit de pratiquer la religion de son choix, de ne pas subir la contrainte d'autres religions et de choisir d'en parler ou non.

J'ai habité pendant treize ans un appartement au deuxième étage dans un quartier mal fréquenté. Le propriétaire de l'immeuble était un évangéliste qui dirigeait une armurerie et un atelier de réparation d'aspirateurs dans l'immeuble voisin. Je voyais cet homme tous les jours ; je connaissais la plupart des membres de sa famille et il est venu dans mon appartement à plusieurs reprises. Pendant que je vivais à cet endroit, j'ai fait paraître dix ouvrages sur la magie et la Wicca, j'ai accordé de multiples entrevues à la radio, à la télévision et à la presse, j'ai donné des centaines de cours dans la région, célébré maints rituels et tenu des dizaines de réunions de covens dans mon appartement. J'ai contemplé le ciel étoilé, récité des incantations près des plantes et des herbes que je cultivais sur la véranda, médité sur les orages et agi en tous points comme un vrai wicca.

Et pourtant, au cours de toutes ces années, le propriétaire ne m'a jamais parlé de ma religion. Certes, il avait l'habitude de rédiger le reçu du loyer au dos d'un tract religieux, mais cette question n'a jamais été abordée. Il a tenu sa langue et j'ai fait de même ; nos relations d'affaires se sont avérées satisfaisantes.

Si j'étais entré dans son magasin un beau jour pour lui annoncer que j'étais un sorcier, il m'aurait sans doute envoyé faire mes bagages. La décision que j'avais prise de garder le silence sur ma religion m'a permis de demeurer dans un appartement spacieux à loyer modéré pendant plusieurs années, alors que je faisais mes débuts comme auteur.

La décision de révéler à autrui votre appartenance à la Wicca doit demeurer une question personnelle. Toutefois, je vous préviens que bien des gens se moquent de savoir ce en quoi vous croyez ou qui vous invoquez. Cela ne les intéresse tout simplement pas.

Certains wiccas décident de dire au monde entier qu'ils sont des wiccas (ou des sorcières et des sorciers) simplement parce qu'ils veulent créer un effet de choc, attirer l'attention, faire de l'argent et flatter leur ego. Il n'y a pas raisons plus mal fondées pour dévoiler à autrui la religion que vous pratiquez.

## LE SECRET ET LA MAGIE

La totalité ou presque de ce qui a été dit plus haut vaut également pour la pratique de la magie, mais il existe d'autres aspects spéficiques à celle-ci. La magie, ou la projection d'énergies naturelles visant à la manifestation de changements désirés, est une composante essentielle de la Wicca. Lorsque nous sommes à l'intérieur du cercle, nous transmettons de l'énergie à notre planète, nous participons à un travail de guérison des malades et de protection personnelle, nous attirons l'amour dans nos vies et faisons germer de multiples changements.

La magie peut devenir une activité quotidienne. Plusieurs wiccas pratiquent la magie populaire ; ils créent des charmes et des philtres, utilisent des pierres ainsi que différents objets naturels chargés d'énergie afin de créer les changements qu'ils désirent. Ces changements peuvent être mineurs ou parfois de la plus haute importance. En général, la magie populaire n'est pas pratiquée à l'intérieur du cercle. Dans cette section, nous discuterons du secret qui entoure la magie populaire et rituelle.

On croit généralement que l'on doit observer le secret pour pratiquer la magie avec succès. Ne dites rien sur vos travaux magiques, nous dit-on. Ne parlez pas à vos amis de votre intérêt pour la magie, encore moins du rituel de la chandelle que vous avez accompli hier soir. Taisez-vous, nous dit-on. Ne parlez pas, laissez couver le pouvoir.

Certaines raisons sont invoquées pour justifier le secret entourant la pratique de la magie. D'aucuns disent que le fait de parler de vos activités magiques a pour effet de disperser les énergies que vous avez mises en elles. Selon d'autres, les profanes qui entendent parler de vos rituels envoient inconsciemment des énergies qui entraveront la manifestation de votre opération magique simplement parce qu'ils ne croient pas à la magie. Quelques wiccas diront qu'il était jadis indispensable de taire votre inclination pour la magie afin de sauver votre tête. (Ce n'était que trop vrai.) Quelques-uns prétendent que le secret ajoute au mystère de la magie ; d'autres qui n'ont aucune raison à donner se bornent à répéter l'antique règle : « Ne parlez point ».

Est-ce de la superstition ? Peut-être. La magie demeure une pratique quelque peu nébuleuse. Après tout, nous faisons appel à des énergies que les physiciens eux-mêmes n'ont pas encore réussi à repérer ou à identifier. Nous avons peut-être constaté l'efficacité de nos rituels magiques et nous pouvons même avoir parlé de ces rituels à certains amis, avant qu'ils ne produisent leurs effets, sans qu'il nous en coûte. Mais la question du secret pourrait revenir nous hanter assez tôt.

« Devrais-je parler de ce genre de choses ? » pourront demander certains. « Après tout, j'ai lu dans ce livre que c'est en ouvrant la bouche qu'on fait échouer un sortilège. Je connais une wicca qui accomplit des rituels à tout moment, mais elle refuse de m'en parler avant qu'ils n'aient rempli leur fonction. D'ailleurs, je suis convaincu qu'un grand nombre de wiccas ne soufflent jamais un mot de leurs rites magiques. »

La réflexion du wicca solitaire est bientôt obscurcie par les doutes. Très vite, il cesse de parler de magie, même à ceux qui partagent ses opinions. Le processus est encore une fois sous le coup du secret.

C'est déplorable et inutile. La véritable magie n'est pas limitée. Parler d'un rituel à d'autres personnes ne disperse pas les énergies propres à ce rituel. Au contraire, c'est une occasion de plus de diriger rapidement un supplément d'énergie vers votre objectif magique.

L'incrédulité n'est pas davantage une raison valable pour encourager le secret dans la pratique de la magie. L'incrédulité d'autrui a autant d'influence sur la magie que les doutes de l'illettré sur la capacité d'une calculatrice d'effectuer l'addition deux et deux font quatre. La calculatrice accomplira l'opération sans se soucier des doutes de l'observateur. Il en ira de même pour la magie.

La calculatrice pourrait refuser d'effectuer cette opération élémentaire pour d'autres raisons : puces électroniques défectueuses, piles déchargées ou insuffisantes, erreur de l'opérateur ou bouton sur la position « fermé ». Il reste que l'incrédulité de l'observateur ne peut à elle seule causer ce problème. Cela vaut aussi pour la magie. Lorsqu'elle est pratiquée correctement, la magie produit des résultats. Si l'énergie est mobilisée à l'intérieur du corps, moulée sur une intention précise et projetée vers son objectif avec la force et la visualisation qui conviennent, la magie opère.

Cette manifestation ne se produit peut-être pas du jour au lendemain. Il peut être nécessaire de répéter le rituel magique à quelques reprises, mais d'ordinaire, il se révèle efficace lorsque le wicca sait comment procéder.

Le secret entourant les rites magiques est très restrictif; en fait, il peut *diminuer* leurs effets. Comme cette affirmation peut sembler étrange, je crois préférable de l'expliquer.

Si une personne est convaincue qu'elle doit respecter le secret pour accomplir un rite magique opérant, elle admet que la magie a une efficacité limitée. L'acceptation de toute forme de restriction en magie réduit la capacité du pratiquant wicca à mobiliser et à projeter l'énergie, puisqu'elle l'amène à douter que la magie soit une force toute-puissante, capable de manifester des changements constructifs et merveilleux lorsqu'elle est correctement pratiquée par des gens expérimentés.

Les restrictions (par exemple, le secret) nuisent à la pratique efficace de la magie – tant de la magie populaire que rituelle. Si nous acceptons une restriction, il y a des chances pour que nous en admettions d'autres, que les livres ou d'autres personnes nous feront découvrir. (Voici quelques exemples : Vous ne pouvez célébrer un rituel positif lorsque la lune croît. Vous devez *absolument* vérifier la phase de la lune avant d'accomplir n'importe quel rituel. S'il n'est pas accompli au moment propice, votre rituel échouera. Dans la magie populaire, il est indispensable d'avoir tous les ingrédients entrant dans la préparation du charme que vous voulez opérer, puisque toute substitution d'éléments le rendrait inopérant. Et il existe bien d'autres exemples tout aussi absurdes.)

La troisième raison présentée à l'appui du secret en magie a le mérite d'être historiquement exacte : il s'agit d'une tradition transmise depuis ces temps passés où le secret était obligatoire afin de sauver sa vie. Heureusement, de nos jours, il y a peu de chances que l'on vous envoie au gibet pour avoir parlé à vos amis intimes de vos rituels magiques. La dernière raison, à savoir que le secret ajoute au caractère mystérieux de la magie, peut constituer une exigence pour certains apprentis. Ils devraient cependant perdre assez rapidement le besoin de se trouver dans une telle atmosphère mentale.

Le secret n'est donc pas un élément indispensable de la magie. Il ne garantit pas le succès des opérations magiques et peut même annuler l'effet de votre magie. Cela ne signifie pas pour autant que vous devez vous promener avec un macaron vert portant l'inscription suivante : « Hier soir, j'ai accompli un rituel de prospérité ! », ou que vous *devez* discuter de vos occupations magiques avec autrui, en particulier si votre activité porte sur des questions éminemment personnelles.

Il est tout à fait acceptable de garder le silence sur vos activités magiques, pourvu que vos motifs n'aient pas un caractère restrictif. Si vous ne voulez pas discuter de vos activités magiques avec autrui, n'en parlez pas. Non parce que des wiccas vous ont déconseillé de le faire dans leurs livres, mais simplement parce que vous ne le souhaitez pas.

Dans la vie du wicca solitaire, il n'y a pas de place pour la superstition du secret dans la magie.

# 3

# La maladie et la pratique rituelle

La question de savoir si l'on peut concilier la maladie et la pratique rituelle wicca est d'une importance majeure, mais les ouvrages wiccas l'évoquent rarement. Pourquoi en est-il ainsi ? Les informations de ce genre s'obtiennent en général de la grande prêtresse, du grand prêtre ou d'un autre wicca expérimenté. En général, l'élève n'a pas à se poser ce genre de question avant d'être atteint d'un rhume ou forcé de prendre des médicaments délivrés sur prescription médicale. Le sujet revêt une telle importance (et la littérature wicca en fait si peu de cas) qu'un chapitre du présent ouvrage lui est entièrement consacré.

Lorsqu'ils commencent à pratiquer la Wicca, bon nombre de wiccas solitaires détestent manquer un rituel pour une raison ou une autre, et cela inclut la maladie. Plusieurs membres des covens partagent ce sentiment. Est-ce raisonnable ?

Plusieurs types de maladie provoquent de grands changements internes chez les humains. Certains sont d'ordre physique, d'autres, de nature mentale, émotionnelle, spirituelle ou psychique. L'altération temporaire de la santé est-elle propice ou défavorable à la célébration du rituel wicca ?

Il est possible de répondre partiellement à ces questions en s'intéressant aux maladies et à leurs effets. Toutes les informations réunies ici sont d'ordre général et ne s'appliquent qu'au rituel religieux wicca – il est recommandé de faire confiance à votre jugement.

Soyez à l'écoute de votre corps. Il sait généralement ce qu'il convient de faire. Il peut s'avérer dangereux de vous forcer à célébrer des rituels wiccas alors que vous êtes aux prises avec des maladies et des conditions éprouvantes. (Voir la fin de ce chapitre pour des commentaires sur la pratique de la magie et la maladie.)

## LES CHANGEMENTS PHYSIQUES

La dimension physique de la maladie est généralement la plus évidente, aussi commencerons-nous par cet aspect. Certaines maladies épuisent notre énergie au point qu'il devient pénible de traverser la pièce et plus encore de projeter un cercle. En pareil cas, il est nettement indiqué de choisir un rituel comportant un minimum d'activités physiques.

Si vous avez un pied, une main, un bras ou une jambe dans le plâtre, il y a des chances pour vous ayez plus de difficulté à dresser l'autel ou à tenir le Livre des Ombres. Au moins, ces activités ne constituent pas une menace additionnelle pour votre santé. Toutefois, comme vous serez peut-être forcé de limiter vos déplacements à l'intérieur du cercle, évitez de suivre servilement les directives rituelles. Adaptez-les en fonction de votre état physique du moment.

Si votre praticien vous a ordonné le repos complet, ou vous a demandé de garder le lit, vous devez suivre ses recommandations. Vous pouvez choisir de transformer le rituel en une expérience purement mentale ou verbale, ou attendre d'être tout à fait rétabli.

## LES CHANGEMENTS MENTAUX

Souvent, pendant différentes formes de maladie (y compris le rhume), l'état de conscience est complètement modifié. Les étourdissements, l'impression de lourdeur au niveau des sinus, l'élévation de la température du corps, la douleur, ainsi que d'autres symptômes peuvent provoquer les modifications les plus étonnantes sur le plan de la conscience – même chez les personnes qui n'ont pas cherché à masquer les symptômes de la maladie avec des médicaments. Il est possible que ce type de conscience crée une perception du monde complètement différente chez le wicca souffrant – une perception le plus souvent incompatible avec le travail rituel.

Lorsque vous vacillez sur vos jambes et que vous n'arrivez pas à vous concentrer, il vaut mieux éviter de jouer avec les couteaux magiques, le feu, l'encens et tout autre outil magique potentiellement dangereux. Si vous êtes perdu dans les nuages (c'est-à-dire, si vous êtes hypnotisé par les objets, si vous vous endormez ou si vous oubliez ce que vous êtes en train de faire), il serait préférable de rester confortablement assis ou allongé et d'en faire le moins possible. Vous pourriez murmurer une prière à la Déesse, ou au Dieu, méditer sur une image ou vous concentrer sur un symbole que vous aurez dessiné.

Lorsque vous êtes incapable de vous concentrer assez longtemps pour pratiquer toute forme d'activité rituelle, le mieux serait de renoncer pour le moment et de reprendre vos pratiques rituelles lorsque vous serez de nouveau en mesure de le faire.

## LES CHANGEMENTS SPIRITUELS ET ÉMOTIONNELS

Il faut se rendre à l'évidence : la plupart d'entre nous sommes assez mal en point lorsque nous tombons malades. Il nous arrive alors d'être brusques, irritables, déprimés, anxieux et impossibles à vivre. Ce genre de bouleversement émotionnel nous amène souvent à penser : «Pourquoi même envisager de célébrer un rituel ? Je me sens si mal que je vais probablement tout rater.» Quelquefois, cela ne nous dit rien. C'est tout à fait normal. Si vous n'avez pas envie de célébrer un rituel, abstenez-vous. Personne ne vous mettra une mauvaise note.

D'autre part, si vous en êtes physiquement capable, la célébration d'un rituel peut en fait vous aider à vous sentir mieux. Le rituel wicca efficace (ce qui peut être difficile à réaliser si on est malade) agit comme un remontant spirituel qui contribuera par la suite à l'amélioration de votre état de santé.

Pour terminer, une simple prière à la Déesse et au Dieu peut vous apporter du réconfort et vous permettre tout au moins de détourner votre pensée de la maladie.

## LES CHANGEMENTS PSYCHIQUES

La maladie peut avoir des effets considérables sur la conscience de l'âme. Même si cela n'apparaît peut-être pas important lors de la célébration des rituels, l'efficacité du rituel dépend de notre capacité de puiser dans le réservoir de la conscience de l'âme. Sans cette jonction des deux consciences (la conscience de veille et la conscience de l'âme), le rituel s'avère souvent machinal et vide de sens.

Vous pouvez très bien avoir la capacité physique, mentale et émotionnelle de célébrer un rituel, mais si vous n'êtes pas en contact avec la conscience de l'âme (un phénomène difficile à expliciter, mais facilement reconnaissable lorsqu'il se produit), ce n'est peut-être pas une bonne idée de célébrer un rituel.

## MÉDICAMENTS EN VENTE LIBRE ET DÉLIVRÉS SUR ORDONNANCE

Les réactions aux médicaments constituent un facteur décisif dans la décision de célébrer ou non un rituel wicca. Vu l'abondance de ces médicaments et leurs effets variables sur les gens qui les consomment, cette question ne peut être discutée qu'en termes très généraux.

Plusieurs médicaments n'agissent pas sur la conscience, ne modifient pas les émotions, ne provoquent aucun effet physiologique perceptible et laissent la conscience de l'âme en paix. Toutefois, certains médicaments (délivrés sur ordonnance ou en vente libre) peuvent provoquer ces mêmes changements. Bien entendu, les narcotiques sont au nombre de ceux-ci. Si vous ressentez l'un ou l'autre de ces effets secondaires, il convient de limiter vos activités rituelles lorsque vous êtes sous l'influence de ces médicaments.

Faites appel à votre jugement et à votre bon sens pour déterminer si la maladie ou la médication avec prescription nuira à votre rituel wicca. Si votre praticien vous a demandé de garder le lit, restez couché et abandonnez l'idée de projeter un cercle. Si l'on vous a fait une suture, n'allez pas danser de joie autour de l'autel en l'honneur de la Déesse, si grand que soit votre désir de danser. Si vous souffrez d'une maladie pulmonaire, évitez de brûler de l'encens. S'il vous est défendu de consommer de l'alcool à cause de votre médication, abstenez-vous de boire du vin après le rituel. Les pratiquants individuels de la Wicca peuvent célébrer un rituel quand bon leur semble et ils peuvent aussi différer ou omettre un rituel au besoin. La maladie constitue un motif tout à fait valable pour ne pas célébrer un rituel.

N'allez pas croire que vous n'êtes pas un vrai wicca s'il vous est impossible de faire le tour du cercle avec une chandelle allumée à la main à la fête d'Imbolc parce que vous êtes obligé de garder le lit. Vous ne serez pas moins wicca pour avoir manqué un rituel à cause d'une maladie, d'une infirmité ou des effets des médicaments obtenus sous ordonnance. En fait, une telle décision témoigne de votre intelligence et de votre expérience grandissante de la Wicca : vous avez choisi de ne pas accomplir un rituel où l'énergie et la véritable communication avec la Déesse et le Dieu feraient défaut. Et si vous êtes moins wicca pour cela... je mangerai mon chaudron.

## LA MAGIE ET LA MALADIE

Pendant la maladie, la magie n'est pas une activité positive dans tous les cas. S'il est naturel à ce moment d'opérer des charmes d'autoguérison, il faudrait remettre à plus tard ceux qui visent un autre but, aussi important soit-il. La période de convalescence vous permet non seulement de vous concentrer sur le rite magique à célébrer, mais elle vous donne également l'assurance de réussir à mobiliser de l'énergie en abondance.

Lorsque nous sommes malades, notre corps a moins d'énergie (de pouvoir personnel) en réserve. Non seulement produit-il moins d'énergie qu'à l'ordinaire, mais nous en utilisons aussi davantage pour recouvrer la santé. Nous disposons donc d'une quantité moindre d'énergie pour toute autre tâche matérielle, y compris la magie. Il peut s'avérer dangereux de pratiquer la magie lorsque votre réserve d'énergie est à la baisse et que vous souffrez d'une grave maladie, puisque vous mobilisez alors l'énergie qui servirait autrement à vous guérir. Ceci peut prolonger votre maladie ou ralentir la cicatrisation de vos blessures.

Il est noble et généreux d'employer délibérément cette énergie pour apporter une solution aux problèmes d'une autre personne – mais pas à n'importe quel moment. Lorsque vous êtes malade, vous devez passer en premier. Utilisez cette énergie pour vous guérir. Plus tard, quand vous serez sur pieds, vous pourrez prendre soin du reste de la planète.

En un mot, dans les périodes de maladie, la magie ne doit viser qu'à l'autoguérison.

# 4

# Les noms magiques

Plusieurs ouvrages sur la Wicca traitent du choix d'un nom (magique) wicca. Plusieurs cérémonies d'initiation comportent un cérémonial où l'initié se voit accorder un tel nom. Par la suite, l'usage veut que le néophyte wicca ne l'emploie qu'à l'intérieur du cercle.

Les noms magiques sont très populaires chez les wiccas ; en fait, ils sont si appréciés que plusieurs portent même deux ou trois noms différents : un nom public de disciple de l'Art (utilisé au cours des réunions wiccas, pour signer des articles, etc.), un nom secret (reçu lors de l'initiation) et peut-être un troisième, employé uniquement pour s'adresser à la Déesse et au Dieu, connu d'eux et du wicca seulement. Les wiccas qui adhèrent à plus d'une tradition portent parfois des noms différents dans chacun des groupes.

Plusieurs wiccas considèrent le choix d'un nouveau nom comme un symbole d'attachement à la Wicca et comme un geste s'inscrivant dans le processus de leur renaissance au sein de la religion.

Tout au long de l'histoire, on a accordé aux noms une valeur magique considérable. Dans les civilisations antiques de Sumer, de Babylone et d'Assyrie, il était indispensable de connaître le nom de l'esprit habitant le malade avant de pouvoir l'exorciser.

Les nouveau-nés des îles d'Hawaï recevaient des noms repoussants pour les protéger des attaques des esprits malfaisants. Lorsque l'enfant atteignait un certain âge et qu'il était moins sensible à l'influence des mauvais esprits, on lui donnait un nom plus approprié. Dans certaines cultures, les mères donnent un nom secret à leur enfant. Connu uniquement de la mère, ce nom « vrai » protège l'enfant. Le nom communément donné à l'enfant n'a aucun pouvoir sur lui.

Dans notre propre culture, on a recours à la numérologie pour découvrir le pouvoir caché des noms, et plusieurs personnes modifient leur nom afin de faire avancer leur carrière.

Devant l'importance accordée aux noms, on comprend facilement pourquoi nombre de wiccas utilisent un nom particulier pour exercer l'Art. Même s'il n'a pas été discuté dans *La Wicca, magie blanche et art de vivre*, ce sujet commande certaines précisions.

Allons droit au fait, si vous le voulez bien. Est-il nécessaire que vous preniez un nom wicca ? Si vous souhaitez que la forme de Wicca que vous pratiquez corresponde le plus possible à la Wicca conventionnelle, la réponse est oui. Si vous ne vous sentez aucunement soumis à ces règles, il n'est pas nécessaire de choisir un nom particulier. Encore une fois, c'est à vous de décider.

Ainsi qu'il est mentionné plus haut, l'adoption d'un nom magique s'explique avant tout par le fait qu'il représente votre identité wicca. L'usage de ce nom éveille chez certains un sentiment de puissance et de mystère qu'ils n'auraient peut-être pas éprouvé autrement. Nous vivons dans un monde si terre-à-terre qu'il peut effectivement s'avérer difficile d'être « en prise directe » sur le côté magique de notre nature. Par conséquent, l'emploi d'un nom wicca peut agir sur la conscience de veille et la préparer au rituel.

Certains adoptent une approche complètement différente et donnent à leur nom wicca un statut légal. Ainsi, Sally Thompson deviendra Amber ; Frank Jones, Loupgris. Ce nom pourra même apparaître sur le permis de conduire, le bail et divers autres documents. Il est déconseillé d'emprunter les voies légales, à moins que vous n'ayez aucune réticence à afficher votre religion, car ce genre de nom ne manquera pas d'attirer l'attention sur celui ou celle qui le porte. Même si plusieurs déclarent qu'ils ont choisi de porter leur nouveau nom à l'exclusion de l'ancien pour des raisons uniquement spirituelles, pour la majorité d'entre eux, ce geste constitue également une profession de foi publique – et tous ne sont pas prêts pas à franchir un tel pas.

*Et comment découvre-t-on son nom magique ?*

Il existe différentes méthodes. Certains wiccas choisissent de porter le nom d'une Déesse ou d'un Dieu afin de leur rendre hommage. D'autres s'inspirent de la culture de leurs ancêtres et optent pour un nom associé à cette tradition populaire particulière : une personne d'ascendance britannique pourra faire son choix parmi les noms de ce folklore. En Amérique, plusieurs wiccas de la génération actuelle choisissent d'incorporer une désignation animale dans leur nom, par exemple «Louve hurlante» ou «Aigle royal». Les termes désignant les plantes et les arbres (tels que Rose, Gardien du chêne, Charmille, Sapin, Frêne) peuvent également être employés.

Vous pouvez aussi créer un nom de toutes pièces. Plusieurs noms sont constitués de deux mots soudés ensemble. Ce sont en général des noms assez expressifs.

Certains noms wiccas célèbres ont été rendus publics. Ainsi, Gérald Gardner (l'un de ceux qui ont fait de la Wicca la religion que nous connaissons aujourd'hui) portait ouvertement le nom de Scire. Parmi les noms magiques de Doreen Valiente, on connaît tout au moins celui d'Ameth. Une grande prêtresse célèbre a choisi le nom de Phénix pour pratiquer l'Art.

Il existe d'autres noms populaires : Morgan, Morgana, Morgaine, Morgraine, Lugh et Arthur (ayant tous un lien avec la mythologie celtique); Ariane, Diane, Hermès, Poséidon, Cassandre et Triton (associés aux mythologies grecque et romaine); Selket, Maât, Osiris ainsi que d'autres noms égyptiens.

(Les noms Amber, Phénix et Merlin comptent parmi les plus courants. Dans les assemblées païennes, l'appel de l'un de ces noms fait souvent tourner bien des têtes.)

Il y a donc tout le choix désiré. Si vous décidez d'employer un nom wicca dans vos célébrations rituelles, utilisez-le dans toutes vos prières, dans tous vos rites. Inscrivez ce nom sur vos instruments, en caractères runiques ou en français. Vous souhaiterez peut-être marquer l'adoption de ce nom par un rituel quelconque. Cette célébration pourrait consister à projeter le cercle, à demander à la Déesse et au Dieu d'être présents afin qu'ils vous reconnaissent sous votre nouveau nom.

Il est possible que l'usage d'un nom magique ne vous confère aucun pouvoir supplémentaire, mais il s'agit d'une pratique traditionnelle appréciée par plusieurs.

# 5

# L'auto-initiation

Dans mon dernier ouvrage sur la Wicca, le chapitre portant sur l'initiation fut sans doute celui qui suscita la plus vive controverse. Une simple idée émise à l'intérieur de ce chapitre a fait plusieurs mécontents chez les critiques wiccas : l'initiation n'est pas toujours conférée par un autre être humain. Certains ont mal interprété mes propos au point de croire que j'avais affirmé qu'il fallait à tout prix se soustraire à l'initiation – et en ont tiré de bien curieuses conclusions. (Comme on pouvait s'y attendre, ces commentaires proviennent de membres ayant été initiés au sein des covens.) En fait, certains ont présumé que je n'avais jamais reçu l'initiation et que cela expliquait mes opinions « inacceptables » sur cette question.

Il existe plusieurs genres d'initiations. Certaines sont célébrées à l'intérieur du cercle en compagnie d'autres personnes ; certaines se déroulent en privé. Il n'en demeure pas moins que d'autres ne sont jamais marquées par une cérémonie ; elles surviennent spontanément dans la vie de l'élève wicca.

L'admission dans un coven (et par conséquent l'initiation à la Wicca) ne prend effet que si l'initiateur et le candidat sont en parfait accord et œuvrent au sein d'un système ou d'une tradition wicca qui comble l'un et l'autre. Certaines initiations m'ont laissé un souvenir radieux ; d'autres m'ont semblé bâclées. Il vaut mieux ne pas recevoir l'initiation plutôt que de se satisfaire de *n'importe quelle* initiation célébrée pour les mauvaises raisons (égotisme, désir de puissance), par une personne ou un coven mal choisis. C'est moins le rite lui-même qui importe que l'impression produite sur le candidat et l'esprit dans lequel le rituel est accompli.

Bien qu'il ne soit pas indispensable de procéder à une initiation sur le plan physique pour pratiquer la Wicca, ce rituel constitue une déclaration d'allégeance à l'Art. Fort du souvenir de ce jour spécial où un cérémonial marqua le début de cette affiliation, l'initié peut désormais affirmer haut et clair son appartenance à la Wicca. Certains y accordent beaucoup d'importance et d'autres en font peu de cas.

Vous avez le droit de célébrer votre propre initiation. Personne ne peut vous en priver. Si vous vous êtes familiarisé avec le rituel wicca et avez appris à connaître la Déesse et le Dieu, si vous vous sentez à l'aise au sein de la Wicca et avez décidé d'embrasser cette voie, il n'y a rien, sur cette verte terre de la Déesse, qui doive vous empêcher de vous soumettre à un rituel d'auto-initiation.

Peut-être choisirez-vous de célébrer un rite d'auto-initiation découvert dans un livre, d'adapter une cérémonie d'initiation collective ou de créer votre propre rituel. (Le Chapitre 12 de *La Wicca* comportait un rite d'engagement personnel – non un rituel d'initiation. Celui-ci peut toutefois être inclus dans le processus de l'initiation.)

Avant de procéder à l'auto-initiation, demandez-vous si vous avez acquis suffisamment d'expérience pour faire votre entrée dans la Wicca. L'habitude de la pratique rituelle constitue un préalable à la célébration de votre initiation (vous ne pouvez vous contenter de lire sur le sujet). La personne qui accomplit un rite d'auto-initiation après avoir consacré toute une année à l'étude et aux exercices rituels confère beaucoup d'intensité ainsi qu'une grande portée spirituelle à cet événement, pour la simple raison que le rite a été précédé d'un travail rituel qui scelle son authenticité. En d'autres termes, on ne devient pas un wicca (même un wicca solitaire) du jour au lendemain.

Cette période d'apprentissage individuel et d'expérimentation est absolument indispensable. Certes, vous apprendrez à vous servir des outils, à connaître la symbolique des sabbats, à projeter le cercle –, mais vous fréquenterez aussi la Déesse et le Dieu. L'essence même de la Wicca consiste à vous mettre à l'écoute de la Déesse et Dieu et à établir une relation avec eux; cela demande du temps et de la ferveur.

J'entends des protestations.

« Oui, bien sûr, mais lors de certaines initiations, le pouvoir est transmis au candidat par l'initiateur. » *Lors de l'auto-initiation, le pouvoir est transmis au candidat par la Déesse et le Dieu.*

« Ce genre d'initiation n'est pas reconnu par les covens. » *Les pratiquants individuels de la Wicca ne font pas partie des covens.*

« La véritable initiation est conçue pour modifier l'état de conscience du candidat. » *Ainsi en est-il d'une auto-initiation correctement conçue.*

« La véritable initiation symbolise la mort de l'ancien moi (non-wicca) et la renaissance du moi wicca. » *Ces aspects peuvent être incorporés à l'auto-initiation.*

L'auto-initiation consiste pour une large part en ce que vous en faites, mais si l'on souhaite obtenir les meilleurs résultats possibles, chacun de ces rituels devrait inclure les étapes suivantes. (Il s'agit des grandes lignes du rituel. J'ai omis certains gestes comme allumer les chandelles ou mettre le feu au charbon.)


❖   La purification. (Le bain ou la douche conviennent.)

❖   La préparation de l'autel. (Choisissez n'importe lesquels des outils que vous utilisez couramment.)

❖   La projection du cercle. (Même si ce n'est pas indispensable, cela contribue certainement à créer un climat de transcendance. Il est préférable que vous ayez acquis une certaine maîtrise de la projection du cercle avant l'initiation. Si vous vous sentez à l'aise avec cette pratique, utilisez-la. Sinon, il vaut mieux vous en abstenir.)

❖    Les invocations d'entrée adressées à la Déesse et au Dieu. (Il peut s'agir des invocations qui ont leur place dans vos pratiques wiccas quotidiennes ou de prières composées expressément pour ce rite.)

❖    La symbolisation de la mort de votre ancien moi non-wicca. (Faites preuve de créativité. Vous pouvez vous couvrir d'un drap noir, vous asseoir devant l'autel les yeux bandés [évitez de marcher] ou même chanter un hymne funèbre. Inventez une prière de circonstance. Après avoir consacré suffisamment de temps à la méditation et à la réflexion, défaites-vous des symboles de la mort en poussant un cri de joie.)

❖    L'engagement à la Déesse et au Dieu, auxquels vous vous adressez de nouveau par la prière. Affirmez que vous êtes maintenant un wicca. Si vous avez choisi de porter un nom magique (voir le Chapitre 4), dites à voix haute : « Moi, Diane, suis maintenant une wicca. » Cette formule pourrait être incluse dans votre prière d'engagement.

❖    La relaxation. Détendez-vous quelques minutes à l'intérieur du cercle. Fixez votre regard sur la flamme des chandelles. Si vous avez apporté du vin et des gâteaux dans le cercle, c'est le moment de les bénir et de vous associer à l'amour manifesté de la Déesse et du Dieu. Une fois votre repas sacré terminé, remerciez la Déesse et le Dieu de leur présence et effacez le cercle.

Même si les wiccas traditionalistes pourront plaider contre cette formule, il ne faut pas douter de l'efficacité de cette auto-initiation. Elle est proposée ici à titre d'exemple, afin que d'autres puissent s'en inspirer pour créer leur propre méthode.

L'initiation véritable a sa source profonde dans la Déesse et le Dieu, d'où procède la vie dans son ensemble, la santé, la nourriture, la terre, les étoiles, le soleil, la lune et l'univers.

L'auto-initiation est un rituel important qui ne saurait être accompli à la légère. Le wicca doit être préparé à vivre les changements physiques et spirituels qu'il ne manquera pas de ressentir à la suite de ce rite. Après tout, une fois que vous vous êtes soumis à une auto-initiation, vous n'êtes plus simplement un élève, mais un wicca... l'un des rares humains qui persistent à franchir les limites d'un monde foncièrement matérialiste. Vous faites maintenant partie de ceux qui respectent la Terre, qui versent le vin dans des coupes sacrées à la lueur des chandelles, au milieu des volutes d'encens. Vous êtes l'un de ceux qui entrent en communion avec la Déesse et le Dieu dans l'intimité de la méditation et font joyeusement appel à la magie lorsqu'ils souhaitent opérer un changement positif.

Lorsque l'auto-initiation consiste en un acte accompli au moment opportun, pour des raisons constructives et dans la disposition d'esprit souhaitée, elle manifeste admirablement notre attachement à la Wicca. Si vous n'avez pas déjà signifié par un rituel que vous êtes des nôtres, vous saurez, quand il sera temps de le faire, si c'est votre voie.

L'initiation n'est rien de moins que le début d'une vie nouvelle.

# 6

# Les mystères wiccas

Des lecteurs et des critiques se sont plaints de ne rien trouver sur les « mystères wiccas » dans les ouvrages wiccas – y compris dans mes livres. Ces observations sont fondées. La majorité des ouvrages sur la Wicca consistent soit en des études sur le culte, soit en des manuels pour débutants. Les auteurs wiccas s'absorbent facilement dans les exposés sur les méthodes de projection du cercle, l'utilisation des outils, le concept des déités et la dynamique des groupes. Les œuvres de ce genre laissent peu de place à ce qui relève du mysticisme.

Toutefois, il y a peut-être une autre explication. Par leur nature même, les mystères entrent difficilement dans le moule du langage. Ils ne peuvent véritablement être enseignés ; ils peuvent seulement être vécus. Certains se manifestent sur d'autres plans de l'existence. Plusieurs ont un profond retentissement au niveau émotionnel, psychique ou spirituel. Il en est qui s'accomplissent entre le wicca et la Déesse et d'autres, entre deux ou trois wiccas réunis dans le cercle.

Peut-être vaudrait-il mieux définir les termes que j'emploie. Tout d'abord, l'expression « mystères wiccas », dans le sens où je l'utilise ici, ne fait pas référence à des rituels secrets, des prières ou des techniques magiques, aussi opérantes ou ésotériques soient-elles, mais plutôt à des expériences spirituelles exceptionnelles ainsi qu'aux révélations transcendantes de la Déesse et du Dieu. Les mystères wiccas ne pourront jamais être étalés au grand jour. Les sabbats et les esbats les célèbrent, mais uniquement sous une forme allégorique.

Si vous avez peine à vous retrouver dans ces propos, ce n'est pas grave. Après tout, nous parlons ici des *mystères wiccas*, et il est difficile d'écrire sur ce sujet ou d'en discuter.

Plusieurs pratiquants individuels de la Wicca se plaignent entre autres que leurs rituels semblent dépourvus d'intensité et d'envergure spirituelle. Ce problème peut être attribué à différentes causes, mais il pourrait bien être dû à une méconnaissance des mystères wiccas. Lorsqu'elle est mise en œuvre dans le rituel, cette science cachée contribue grandement à enrichir les pratiques cérémonielles.

Pourquoi en est-il ainsi? C'est que, comme il a été mentionné précédemment, la majorité des rituels wiccas célèbrent en quelque sorte les mystères wiccas. Voici une question susceptible de vous renseigner immédiatement sur la nature des mystères : de quoi est-il question dans les sabbats? Le concept principal mis en évidence est l'observation des saisons. Lorsque vous commencez à observer les saisons, vous découvrez une mine de matériaux pouvant entrer dans la composition des mystères wiccas. Tous les éléments des mystères sont à la fois symboliques et concrets.

La plupart des mystères wiccas qui se rapportent à la Déesse et au Dieu ont été intégrés dans l'ensemble des activités sacrées. D'autres mystères sont centrés davantage sur la Terre, mais puisque la Terre et la Déesse ne font qu'un, ils nous ramènent directement à la Déesse.

Il vous est possible de découvrir ces mystères. Les connaissances cachées et les cultes secrets accumulés par les traditions wiccas furent découverts à un moment ou à un autre. Vous pouvez très certainement poursuivre ce processus afin de donner de la substance et de la profondeur à vos pratiques wiccas.

Les mystères wiccas peuvent être révélés au cours d'une méditation accomplie dans le cadre d'un rituel. Ils peuvent être perçus lors d'une promenade à pied ou se manifester à notre esprit pendant notre sommeil et même nous être dévoilés en réponse à d'ardentes prières adressées à la Déesse et au Dieu. En général, seuls les fervents de la Wicca ont la révélation de ces arcanes, car qui d'autre pourrait en avoir besoin ?

D'autre part, il est possible de reconnaître la touche divine de la Déesse et du Dieu dans certains mystères qui s'accomplissent en permanence autour de nous. Toutefois, pour que ces processus deviennent des mystères wiccas, il faut que cette prise de conscience s'effectue à tous les niveaux de notre être.

Essayons d'y voir clair à l'aide d'un exemple. Une pomme mûre tombe sur le sol. Le vent recouvre de terre le fruit en décomposition. La pluie tombe. Le soleil réchauffe le sol. Sortie d'un pépin logé au cœur de la pomme, une pousse surgit finalement de la terre. Quelques années plus tard, un nouveau pommier se dresse à l'endroit où était jadis tombé le fruit. Une pomme mûre tombe sur le sol…

Pourquoi s'agit-il d'un mystère wicca ?

❖   Ces processus (chute et ascension ; mort et renaissance, etc.) sont produits et régis par la Déesse et le Dieu, seules sources de fertilité, de vie et de mort.

❖   De tels processus ne s'appliquent pas seulement aux pommes ; ces cycles naturels sont observables sur toute la planète.

❖   Le wicca prend conscience de ce processus en observant la pomme qui tombe de l'arbre et donne finalement naissance à une nouvelle pousse. En focalisant toute son attention sur ce cycle particulier, au moins quelques minutes chaque jour, le wicca aligne sa conscience sur l'activité de la Déesse et du Dieu. Il pourra méditer sur ce processus pour en approfondir le sens.

❖   Cette réorientation de la conscience engendre une perception nouvelle de la Déesse et du Dieu présents dans le monde et à l'intérieur de soi. Cette sensibilité accrue vient renforcer les liens spirituels qui nous unissent à eux. En outre, la pomme utilisée en exemple peut devenir un instrument rituel extrêmement opérant, un symbole de vie, de mort et de renaissance - trois des plus grands mystères sur lesquels l'homme s'est toujours penché avec perplexité.

❖    Enfin, le périple de la pomme peut se transformer en une image chargée de force spirituelle dont l'évocation donne instantanément accès aux voies d'or et d'argent menant à la Déesse et au Dieu. Dans l'esprit de la Wicca, la pomme devient plus que le souvenir d'un fruit; plus qu'un symbole; elle devient l'intermédiaire entre les déités et nous; elle constitue un rappel tangible des réalités intangibles; elle ne fait pas que symboliser l'entre-deux-mondes, elle sert de pont entre les deux réalités. Dans ce mystère wicca, la pomme pourra donc devenir le chaudron celtique de la régénération, le sein de la Déesse, un symbole de naissance et de renaissance, l'emblème des mondes souterrains et des mondes célestes, la terre elle-même où tant de mystères attendent toujours de se dévoiler à nous.

Il n'y a aucun secret; voilà le secret des mystères wiccas. Il suffit de modifier votre perception, d'affiner votre concentration. Si vous voulez découvrir les mystères wiccas, portez votre regard au-delà du monde matériel, vers les processus éternels qui sont à l'œuvre au sein de la matière. Ou consacrez du temps à la méditation rituelle dans le but spécifique d'approfondir les aspects les plus insaisissables de la Wicca, de la Déesse et du Dieu.

Une fois que vous aurez découvert les mystères, il vous sera possible de les revivre à maintes reprises et de célébrer en chantant et en dansant à l'intérieur de cercles formés de lumière et d'amour. Le rituel peut être allongé de façon à souligner l'importance des expériences de cette nature, ou ces dernières peuvent être célébrées par des rites spéciaux. Le fait est qu'il est vain de tenter de découvrir les vrais mystères wiccas dans le Livre des Ombres, dans les secrets d'un lointain passé ou dans les paroles d'autrui. Seule notre relation avec la Déesse et le Dieu, et l'expérience de la nature en tant que manifestation de leur énergie, mène à cette découverte.

Voulez-vous encore quelques indices?

Assistez à une naissance.

Regardez la glace fondre au soleil.

Observez l'apparition des feuilles printanières dans les arbres.

Contemplez l'océan.

Suivez la course des nuages dans le ciel.

Regardez les gouttes de pluie gicler sur les flaques d'eau.

Observez l'éclair illuminer et déchirer le ciel nocturne.

Fixez votre regard sur la fumée montant d'un feu sacré.

Observez une éclipse.

Regardez le chat qui chasse dans le jardin.

Observez un tout-petit qui redécouvre le monde.

Ne vous contentez pas d'observer ces phénomènes, vivez-les. Vous aurez alors commencé à apprivoiser les mystères wiccas. Vous aurez l'occasion unique, en soulevant un instant le voile que nous avons jeté sur la face du monde, d'apercevoir le visage de la Déesse...

Et vous serez admis aux mystères de la Wicca.

# 7

# La Wicca au quotidien

J'ai déjà mentionné que l'idéal serait que tous les aspects de l'existence soient influencés par la religion. Il est préférable de vivre selon la Wicca, même lorsque nous ne sommes pas occupés à allumer des chandelles ou à projeter des cercles. La vie elle-même peut être envisagée comme un rituel en hommage à la Déesse et au Dieu.

Cependant, plusieurs éprouvent de la difficulté à découvrir le caractère sacré de leur existence quotidienne. Nous pouvons facilement être fascinés par le miroir déformant derrière lequel la société cache ses pièges et ses leurres ; de même, notre vie personnelle, notre emploi, les factures à régler et les autres préoccupations de la vie quotidienne peuvent nous accabler au point que nous en arrivions à nous demander si nous avons jamais eu la moindre perception spirituelle.

La solution ne consiste pas à multiplier les rituels, mais à détacher subtilement notre attention des seuls forces et objets physiques pour la focaliser sur l'essence spirituelle de toute chose. Une activité comme le lavage de la vaisselle peut se transformer en une exploration des pouvoirs de l'élément Eau. Toute forme de travail représente une occasion de ressentir l'énergie d'autrui. Les travaux d'entretien de la cour offrent de précieux enseignements sur les saisons. Il nous est même donné d'appliquer (et, espérons-le, de développer) notre esprit en fréquentant l'école et il peut s'avérer très inspirant d'envisager les cours d'un point de vue spirituel.

À vrai dire, la vision wicca peut nous aider à traverser les temps difficiles, tout comme l'appartenance à n'importe quelle autre religion. Cependant, pour être en mesure de puiser à cette source de paix, nous devons d'abord prendre conscience que la Wicca ne se limite pas aux rituels, à la prière et à la magie. La Wicca est autant un art de vivre qu'une religion.

Le procédé le plus simple pour intégrer la Wicca à notre vie quotidienne consiste à mettre en application ses principes dans notre monde. Les idées qui suivent ne sont que des suggestions, vous pouvez leur donner un sens différent.

*Ne blesser personne.* Pensez à ces trois mots quand une personne vous coupe la route en auto, « vole » votre espace de stationnement, se montre impolie envers vous ; ou lorsque votre conjoint, votre famille, vos amis ou vos collègues de travail vous font vivre toutes sortes de difficultés. Le simple rappel de cette règle nous aide à surmonter notre colère, notre jalousie et notre haine, et même à transformer ces émotions potentiellement destructrices en énergies positives. Cet exercice nous donne en outre l'occasion de prendre soin de nous-même en luttant contre le stress. (Je suis le premier à reconnaître que cela est plus facile à dire qu'à faire.)

La *réincarnation* nous rappelle que la vie nous offre plus d'une chance. Ce concept exclut le recours au suicide comme solution aux problèmes de l'existence, puisque, tôt ou tard, nous reviendrons affronter les difficultés qui nous semblaient trop pénibles à supporter dans cette vie. Le concept de la réincarnation peut en outre nous aider à traverser les périodes de deuil et nous affranchir de la peur de la mort.

Le *karma*. Suivant ce concept, l'action juste est payée de retour par une énergie constructive et l'action négative, par la négativité. Le karma nous renvoie au précepte « ne blesser personne » et nous rappelle d'agir de façon positive. De plus, il nous permet de comprendre que l'action juste (positive, béné-fique) est par essence un acte spirituel.

Certains wiccas avancent un concept légèrement différent auquel ils donnent le nom de «loi du triple». Cette loi affirme que tout ce que nous faisons nous revient multiplié par trois. Par conséquent, une simple attention nous sera rendue sous la forme d'un acte généreux posé à notre endroit par une autre personne. Une vengeance mesquine pourrait nous causer un grand tort. La loi du triple est tout simplement une variante de la loi du karma.

La *magie* nous rappelle que nous sommes réellement les maîtres de nos vies. Si notre existence ne nous satisfait pas, nous pouvons recourir à un rituel positif pour la transformer. D'autre part, la magie nous enseigne également la patience : le contenu d'un chaudron placé sur le feu n'entre jamais immédiatement en ébullition, et la magie n'opère pas instantanément. Il est pos-sible que nous arrivions à discerner les petites touches que la magie applique sur la toile de notre existence quotidienne – et cela peut être réconfortant.

La *réflexion* nous enseigne que les pensées sont vivantes, c'est-à-dire qu'elles produisent et libèrent de l'énergie. Si elles sont répétées volontairement, les pensées peuvent se trans-former en de puissantes sources d'énergie. Par conséquent, en apprenant à contrôler nos pensées négatives, nous nous forgeons une existence meilleure. Le simple fait de refuser une pensée négative et de passer d'un point de vue négatif («je suis com-plètement fauché») à une perception positive («j'ai de quoi manger») peut produire des effets spectaculaires. Donc, parce que nous avons la possibilité d'améliorer notre vie et de ne blesser personne en conservant une attitude positive, même nos pensées peuvent devenir l'expression de la spiritualité.

La *sauvegarde de la terre* (l'amour de notre planète) compte au nombre des concepts primordiaux de la Wicca. Abattre un arbre ou remplir une poubelle sans rien recycler ne sont pas des indices d'une profonde spiritualité – ces deux actions bafouent les principes de la Wicca.

Cependant, le lavage et la réutilisation des bocaux, la récupération du papier, des canettes d'aluminium, des bouteilles de plastique et de verre sont des actions à caractère spirituel, car nous nous préoccupons de notre planète. De la même manière, des gestes comme planter un arbre, cultiver un jardin, offrir des plantes vertes en cadeau, refuser d'utiliser des pesticides chimiques, soutenir par nos dons des mouvements de défense de l'environnement, rédiger des lettres en faveur de la protection des espèces animales en voie d'extinction et de leurs habitats (forêts, marécages et autres écosystèmes fragiles) constituent autant d'expressions de l'amour de la Wicca pour notre planète. Même l'action politique peut porter ses fruits spirituels lorsqu'elle débouche concrètement sur la préservation accrue des milieux naturels terrestres.

La *pratique de la présence de la Déesse et du Dieu* est un autre enseignement fondamental de la Wicca. Si nous sommes sur terre, nous sommes en compagnie de la Déesse et du Dieu. Aucun aspect de notre être ou de notre vie n'est séparé d'eux, sauf si nous croyons que c'est le cas. La Déesse et le Dieu sont présents au cœur des métropoles bruyantes, dans le silence des vallées perdues, dans l'auto-caravane brûlée par le soleil du désert. Ils sont présents au bureau, à l'école, chez le marchand du coin, mais aussi en pleine heure de pointe au milieu de la circulation, dans les files d'attente à la banque, dans les fleurs et les plantes qui poussent sur le rebord de notre fenêtre.

La conscience de l'omniprésence de nos déités n'est pas le fruit de l'exaltation spirituelle ; c'est une réalité. La terre n'est pas un symbole de la Déesse, elle fait partie d'elle. La Déesse est partout, de même qu'elle vit en nous, tout comme le Dieu. Par conséquent, peu importe ce que nous faisons et où nous allons, que nous nous rendions à l'épicerie du coin ou à un concert dans le parc, ils sont présents. Encore une fois, en ayant ce fait à l'esprit, il est possible de découvrir le caractère spirituel de maintes situations.

# ENRICHIR LA SPIRITUALITÉ QUOTIDIENNE

Faites chaque jour une offrande à la Déesse et au Dieu (voir le Chapitre 10 : offrandes, prières, etc.).

Accordez-vous tous les jours un « moment sacré » d'une durée minimale de cinq minutes qui peuvent être consacrées simplement à la réflexion sur le rôle de la Wicca, sur le sens de votre vie, ou à l'accomplissement d'activités ayant un lien direct ou indirect avec la Wicca. (Encore une fois, le moment sacré ne peut être consacré à la lecture.) Voici quelques exemples d'activités à accomplir :

Méditations du matin et du soir

Créations artistiques ou artisanales sur un thème wicca

Écoute de pièces musicales classiques ou païennes

Jardinage ou plantations

Bénévolat

Récupération

Rédaction d'un journal sur votre engagement wicca

Correspondance avec d'autres wiccas

Méditation (ou harmonisation psychique) avec les pierres

Conception de nouveaux rituels

Expérimentation de nouvelles méthodes de divination

Cueillette d'herbes magiques

Promenade dans les jardins ou les parcs

Communication avec les animaux

Lecture de contes de fées païens (il n'existe pas vraiment d'autre genre de contes) à vos enfants

Cette liste est loin d'être complète. En fait, lorsque nous commençons à mesurer l'influence de la Wicca sur notre vie, le choix des activités à accomplir au cours de ce moment sacré apparaît très vaste.

Ce chapitre se voulait une introduction à diverses méthodes qui permettent de donner une plus grande place à la Wicca dans notre vie. L'action et la réflexion jouent un rôle d'égale importance dans la poursuite de cet objectif.

Soyez bénis.

DEUXIÈME PARTIE

# LA PRATIQUE

# 8

# La prière efficace

Il est rarement question de la prière dans les ouvrages wiccas, probablement parce qu'il s'agit d'une expérience essentiellement personnelle. En outre, la plupart de ces ouvrages semblent plus préoccupés de décrire la procédure et les intentions rituelles que d'approfondir les aspects authentiquement spirituels de notre religion.

Mais au-delà des cercles, des autels et des ornements, la Wicca est conçue pour favoriser la communication avec le divin. Nous pouvons certainement entrer en contact avec la Déesse et le Dieu pendant nos célébrations rituelles à l'aide d'invocations apprises par cœur, mais qu'arrive-t-il entre les rituels? Cessent-ils de nous parler, de nous entendre?

Bien sûr que non. Dans la Wicca, le rituel sert habituellement de cadre à la prière et à la magie. Pourtant, la prière n'est pas uniquement un acte rituel. Forts de la protection de la Déesse et du Dieu, nous pouvons prier n'importe quand et prendre contact avec eux pour obtenir leur aide et leur appui.

Dans les pages suivantes, il sera question de certains aspects de la prière wicca.

# LA PRIÈRE ADRESSÉE À L'INTÉRIEUR COMME À L'EXTÉRIEUR

Plusieurs religions enseignent que nos corps sont des objets méprisables et impurs que leurs dieux eux-mêmes ont en aversion. Dans leur quête du divin, ces religions choisissent de nier la chair et de tourner leur regard vers les cieux.

Cependant, la majorité des wiccas conviennent que la Déesse et le Dieu sont présents à l'intérieur comme à l'extérieur de nous. De même que les éléments de la nature sont unis par un réseau d'énergies subtiles mais bien réelles, ainsi sommes-nous liés à la Déesse et au Dieu.

Il est essentiel que ce lien nous soit familier. Cela ne peut s'accomplir en sondant notre corps et en demandant : « Où est la Déesse ? Où est le Dieu ? » Ils ne se trouvent pas dans une partie quelconque de notre être ; ils sont simplement en nous. Ils sont présents dans notre ADN, ils vivent dans notre âme. La Déesse et le Dieu animent chaque aspect de notre être.

La pratique rituelle, la méditation et la prière nous permettent de nous familiariser avec cette étincelle de divinité. En de tels moments, quand notre perception s'étend au-delà du monde physique, l'énergie divine s'élève en nous et vient remplir notre conscience. Même si nous appelons le Dieu et la Déesse, nous commençons en fait à focaliser notre attention sur leur présence à l'intérieur de nous. Une fois que nous y sommes parvenus, il nous est permis de percevoir leur présence dans l'infini qui nous entoure.

La prière consiste en un processus d'harmonisation et de communication avec la Déesse et le Dieu. Pendant la prière, nous pouvons invoquer leur présence dans le soleil, la lune et les étoiles, les océans, les déserts et les cavernes, les tanières des bêtes sauvages et la terre elle-même ; cependant, avant que notre appel puisse être entendu des déités universellement manifestées, il doit d'abord nous faire vibrer d'émotion et raviver la conscience du Dieu et de la Déesse en nous.

Imaginons que nous apercevions un arbre chargé de pêches et que nous éprouvions fortement l'envie d'en manger une. Toutefois, notre désir ne peut être satisfait à moins de centrer notre attention sur une seule pêche, de nous diriger vers elle et de la cueillir. Dans la prière, nous devons d'abord focaliser l'attention sur la Déesse et le Dieu intérieurs avant de pouvoir pénétrer plus avant dans la connaissance de la divinité.

Cette focalisation initiale peut se réaliser à l'aide de mots, de visualisations, de chants ou d'autres moyens. Malgré les suggestions faites plus loin, il n'existe pas de règles fixes. Essayez différentes méthodes afin de découvrir celle qui donne les meilleurs résultats.

La pratiquante wicca commence par se recueillir (voir la section ci-dessous). Elle peut ensuite débuter chaque prière par la formule suivante :

*Ô Déesse en moi,*

*Ô Dieu en moi.*

En prononçant ces mots, elle se remémore la chaleur et la sérénité de ses précédentes communications avec eux. Ce souvenir peut l'aider à atteindre l'état de conscience souhaité. Elle peut poursuivre en disant :

*Ô Déesse de la lune, des eaux et de la terre ;*

*Ô Dieu des forêts et des montagnes.*

En plus d'élargir sa conception de la Déesse et du Dieu, ces paroles la mettent en rapport avec la dimension plus universelle de leur être. Une fois la communication solidement établie, elle s'adresse à eux en termes précis (c'est-à-dire, elle expose le motif de sa prière).

Ainsi la prière wicca ne s'adresse pas à des déités habitant des palais de nuages aux confins de l'espace. Nous n'avons pas à sonner du cor pour appeler la Déesse et le Dieu. Le secret, c'est simplement de prendre conscience de leur présence en nous.

## LE RECUEILLEMENT

De nombreuses personnes de toutes confessions religieuses font uniquement appel à la prière lorsqu'elles traversent des moments difficiles, vivent une crise spirituelle ou un stress important. Il est dans la nature de l'homme de se tourner vers les forces supérieures quand il n'a plus d'autre recours. La prière est certainement indiquée dans ces occasions et elle peut souvent nous apporter exactement ce dont nous avons besoin pour traverser ces périodes. Toutefois, ce ne sont pas les circonstances les plus favorables pour prier, car souvent nous ne prenons pas le temps d'établir une véritable communication avec la Déesse et le Dieu avant de nous adresser à eux. Cela peut nuire à l'efficacité de la prière.

Ainsi, même dans les moments de désespoir profond, il est essentiel de se disposer à la prière avant de s'adresser à la Déesse et au Dieu. Cette disposition intérieure consiste en un sentiment d'espoir mêlé de paix reposant sur une assise spirituelle inébranlable.

Il peut s'avérer très difficile de trouver cet état d'esprit lorsqu'un ami est foudroyé par la maladie, qu'un enfant fait une fugue ou que votre chat reste introuvable. Toutefois, si vous atteignez cet état spirituel de paix et d'espoir, votre prière se révélera beaucoup plus efficace, car elle vous permettra d'établir un rapport plus étroit avec la Déesse et le Dieu. Une fois que vous avez pris contact avec eux, vous pouvez laisser libre cours à vos émotions si vous en avez envie.

Les prières véhémentes et pressantes (« Déesse, aidemoi ! ») ou impératives (« Tu dois m'aider et tout de suite ! ») ne vous apporteront guère de soutien sur le plan spirituel et mourront probablement sur vos lèvres ou dans votre pensée. Il arrive cependant que certaines de ces prières soient entendues lorsque celui ou celle qui les profère a suffisamment conscience de sa relation avec la Déesse et le Dieu. Cependant, ce n'est pas la forme de prière la plus agissante, loin de là.

Il s'agit en général de prières spontanées, pouvant être provoquées par l'annonce d'un événement ou par une compréhension nouvelle des faits. Par conséquent, elles ne peuvent certainement pas être préparées à l'avance. Et pourtant…

Ce genre de préparation est effectivement possible. Avec un peu de pratique et de réflexion, vous pouvez transformer une prière stérile en une prière très agissante. Que faut-il faire ? Il suffit de prier tous les jours avec recueillement. Racontez à la Déesse et au Dieu les événements positifs de votre vie. Remerciez-Les pour les prières exaucées. Parlez-leur du lever de la lune, du concert matinal des oiseaux, des chatons qui viennent de naître. Confiez-leur aussi vos besoins, vos espoirs et vos désirs.

Faites de la prière une activité journalière. Ne gardez pas vos prières en réserve pour ces rares occasions où d'écrasantes difficultés vous forcent à rechercher leur appui. La prière quotidienne – la prière authentique – permet de rester en liaison constante. Cette habitude de la prière se révélera très précieuse dans les moments de crise, à condition de prier avec âme ou avec cœur. Votre prière conservera peut-être un caractère direct et expéditif, mais vous aurez mis en place une voie de communication solide, pouvant être utilisée à n'importe quel moment.

La prière doit toujours être respectueuse. Les wiccas ne marchandent pas avec la Déesse et le Dieu. On ne nous entendra pas dire : « D'accord, Déesse. Donne-moi cette nouvelle auto et je brûlerai une chandelle en ton honneur lors des trois prochaines pleines lunes. » Ce n'est pas dans l'esprit de la Wicca. Nous ne faisons pas de marchandage avec la Déesse et le Dieu. La prière n'est pas une opération de commerce.

De plus, jamais nous ne commanderons ou menacerons la Déesse et le Dieu dans nos prières. Agir de la sorte signifierait que nous tentons de nous élever au-dessus de la divinité. Je regrette, nous ne sommes pas des déités.

Bien peu de gens aiment recevoir des ordres; aucune déesse ou aucun dieu n'acceptent qu'on les commande. Il n'y a pas de place pour les « prières » de ce genre au sein de la Wicca. (Il s'agit d'une affirmation à caractère universel qui ne s'applique pas uniquement à la tradition wicca que je pratique. Elle est indépendante de votre conception de la Déesse et du Dieu; elle repose sur l'essence même des choses : la Déesse et le Dieu sont plus vastes que nous. Un point c'est tout.)

Le recueillement consiste donc à entrer dans une atmosphère spirituelle de paix et d'espoir. Si vous êtes dans une telle disposition avant de commencer à prier, votre prière n'en sera que plus efficace.

## L'ESSENCE DE LA PRIÈRE

De nombreux croyants soutiendront que la prière consiste uniquement en une communication entre les humains et la divinité. Cependant, comme nous sommes wiccas, nous avons conscience des énergies immatérielles à l'intérieur de notre corps (les mêmes énergies utilisées pour la projection du cercle, la consécration des outils et diverses pratiques de magie). La prière efficace ne se résume pas à des mots, car lorsque nos prières sont accomplies dans l'état d'esprit qui convient, avec une émotion pure et sans mélange, nous libérons l'énergie à travers nos paroles et la dirigeons vers la Déesse et le Dieu. Par conséquent, certaines formes de prière (les prières de demande, par exemple) sont aussi des actes de magie.

Il est inutile de chercher à faire de la prière authentique un acte magique (autrement dit, nous n'avons pas à mobiliser, à programmer et à diriger l'énergie lorsque nous prions); il suffit pour cela de prier avec émotion. Le fait de nous concentrer sur une requête particulière, de prendre contact avec la Déesse et le Dieu et de leur parler suffit à mobiliser, à programmer et à diriger l'énergie. Cela constitue un acte magique.

Si nous ne sommes pas harmonisés avec la Déesse et le Dieu – si notre attention n'est pas bien centrée sur eux –

l'énergie qui a été mobilisée par la prière s'envole au hasard, dans l'immensité de l'espace, sans produire aucun effet. De même que nous recueillons des gouttes d'eau dans une baignoire pour prendre un bain, ainsi devons-nous rassembler nos énergies et les diriger vers la Déesse et le Dieu. Procéder différemment équivaut à prier dans le vide. Nous devons donc fixer notre attention sur eux, sans jamais nous laisser distraire.

Ne vous méprenez pas sur ce point. Certaines formes de prières peuvent être considérées comme des incantations, mais il n'en va pas de même dans tous les cas. Par ailleurs, la prière adressée à la Déesse et au Dieu n'a rien d'une formule magique ; c'est un acte religieux... et il se trouve qu'il a un contenu magique.

La prière wicca est bien plus qu'une forme de communication ou qu'une simple énumération de faits à la Déesse et au Dieu. Elle consiste en un mouvement de l'énergie individuelle d'un être humain vers les déités.

## DIFFÉRENTES FORMES DE PRIÈRE

Il existe différents types de prières : les prières d'action de grâce, de louange, de demande. Ce sont évidemment les circonstances qui déterminent la nature de la plupart d'entre elles. Cependant, en faisant appel à la prière uniquement aux moments difficiles, on n'utilise pas pleinement sa puissance.

La prière d'action de grâce se résume à ceci :

*Ô Déesse en moi,*

*Ô Dieu en moi,*

*Ô Déesse de la lune, des eaux et de la terre,*

*Ô Dieu des forêts et des montagnes,*

*je rends grâce pour _____ (ou pour les bienfaits reçus).*

La prière peut inclure ensuite une description des changements qui ont accompagné ce bienfait :

*Je vous remercie de m'avoir prêté votre appui spirituel en ce temps d'adversité ; j'en ai tiré force et courage.*

Ou :

*Je vous remercie de m'avoir guidé vers ma maison idéale ; nous sommes maintenant en sécurité.*

Ou :

*Je vous remercie de m'avoir permis de rencontrer l'homme (ou la femme) de ma vie ; mon univers est rempli d'amour et de joie.*

Les prières de ce genre peuvent atteindre une certaine dimension. Quant à la prière d'action de grâce, le mieux est de préciser les motifs de votre reconnaissance. Ceci renforce l'efficacité de la prière et confirme également que la Déesse et le Dieu vous sont venus en aide récemment.

Si vous avez besoin d'aide pour créer un rituel, vous pouvez prier à cet effet :

*Ô Déesse glorieuse,*
*Ô Dieu bienveillant,*
*créateurs de tout ce qui existe,*
*aidez-moi à créer ce rituel,*
*en votre honneur,*
*à l'occasion de la pleine lune (de Yule, etc.).*

L'exploit accompli par le wicca, avec ou sans le concours direct de la Déesse et du Dieu sera peut-être l'occasion de composer une prière de louange :

*Ô bienveillante Déesse,*
*j'ai subi l'épreuve avec succès.*

Ou :

*Ô Déesse Mère,*
*Ô Dieu Père,*
*j'ai terminé (le livre, la chanson, le jardin).*

La prière de demande se résume à ceci :

*Ô Déesse en moi,*
*Ô Dieu en moi,*
*Ô Déesse de la lune, des eaux et de la terre,*
*Ô Dieu des forêts et des montagnes,*
*Ô feux de l'infinie sagesse,*
*enseignez-moi à comprendre mon enfant (mon ami, mon*
*amoureux, mes parents, mon patron).*
*Accordez-moi la force spirituelle,*
*afin que je surmonte ma colère et ma douleur.*
*Que l'amour apaise mes tourments.*

Certes, il existe plusieurs types de besoins. Nous vivons dans une économie de marché où nous sommes forcés de travailler pour gagner l'argent nécessaire à l'achat de produits fabriqués par d'autres personnes. Nos besoins sont souvent d'ordre matériel : il nous faut une auto, une maison, un bon emploi, plus d'argent. Les prières de demande peuvent aussi avoir pour objet la guérison, la compassion, l'amour, la sécurité ainsi que plusieurs autres aspects de la vie quotidienne.

À certains moments, nos difficultés peuvent sembler insurmontables. Il peut arriver que nous détournions notre attention de la Déesse et du Dieu et que nous nous laissions envahir par la peur, les pensées négatives et le désenchantement.

En de pareils moments, nous pouvons les prier ainsi :

*Ô Déesse en moi,*
*Ô Dieu en moi,*
*Ô Déesse de la lune, des eaux et de la terre,*

*Ô Dieu des forêts et des montagnes,*
*j'ai besoin de sentir votre présence,*
*j'ai besoin que vous soyez présents à mon esprit.*
*Aidez-moi à me remémorer vos enseignements.*
*Montrez-moi la clé de ma conscience spirituelle.*
*Soyez bénis.*

Il est possible également que nous souhaitions prier à cause des difficultés rencontrées dans notre pratique religieuse. Après les paroles d'introduction, vous pourriez prier ainsi :

*Déesse, je ne comprends pas. Il est dit dans ce livre que nous ne nous incarnons jamais dans le sexe différent de celui que nous avons dans la vie présente. Éclaire-moi.*

Ou encore,

*Ô Déesse, Ô Dieu, je tente de trouver la meilleure façon de projeter le cercle. Guidez mes pensées, mon cœur et mes mains dans cette recherche.*

N'oubliez pas que pour être efficace, la prière de demande doit dans tous les cas être proférée avec une profonde dévotion.

La prière wicca appartient à la dimension personnelle et privée de notre religion. Nous avons tous une méthode personnelle pour entrer en communication avec la Déesse et le Dieu. Malgré tout, les techniques exposées à grands traits dans le présent chapitre peuvent nous aider à entrer véritablement en relation avec eux et à faire de la prière un instrument de création et de soutien dans notre vie quotidienne.

Recourez souvent à la prière – elle touche à l'essentiel de la Wicca.

# 9

# Prières et chants quotidiens

Notre religion vénère la Déesse et le Dieu, c'est pourquoi il est essentiel pour nous d'établir et d'entretenir une relation avec eux. La vie nous offre tous les jours des occasions de renforcer ces liens. Il est tout à fait indiqué de faire une courte prière à divers moments de la journée, particulièrement le matin à notre lever, avant les repas et à l'heure du coucher.

Le présent chapitre renferme un choix varié de prières simples et d'oraisons formelles adaptées à différentes occasions. N'hésitez pas à les utiliser telles quelles ou à vous en inspirer pour créer vos propres prières. Bien que je les adresse à la Déesse et au Dieu (ces mots ont ici un caractère générique), vous pouvez employer les noms sous lesquels vous avez appris à les connaître.

Qu'elle soit formelle ou spontanée, la prière quotidienne constitue une autre méthode pour intégrer la pratique de la Wicca à votre vie de tous les jours. La formule exacte importe peu, ce qui compte, c'est de prier avec ferveur.

# PRIÈRES ET CHANTS QUOTIDIENS

## Prière avant les repas (1)

Dites les paroles suivantes ou une formule similaire avant de prendre un repas (au besoin, murmurez ou priez mentalement) :

*Je participe maintenant*
*à l'énergie divine*
*de la forêt et du ruisseau ;*
*de la montagne et des champs ;*
*des récoltes de la terre fertile.*
*Qu'elle m'accorde santé,*
*amour et force.*
*Bénie soit-elle.*

## Prière avant les repas (2)

*Déesse de la plaine verdoyante,*
*Dieu des grains mûris par le soleil,*
*Déesse de la pluie rafraîchissante,*
*Dieu des fruits et des joncs,*
*bénissez le repas que j'ai préparé.*
*Que je sois nourri d'amour.*
*Bénissez le repas que je partage à présent*
*avec vous qui êtes aux cieux.*

## Prière avant les repas (3)

*Ô Déesse en moi,*
*Ô Dieu en moi,*
*je participe maintenant*
*à la fertilité de la terre.*

*Répandez les bénédictions de votre amour*
*sur ces aliments.*

## Prière du matin

*Bénis ce jour, soleil qui resplendit.*
*Bénis ce jour, prépare-moi à la nuit.*

## Chant de l'aurore

*Feu montant,*
*Soleil brillant,*
*brillant et ruisselant*
*sur moi.*

## Prière du matin

*Ô gracieuse Déesse,*
*Ô Dieu bienveillant,*
*accordez-moi santé, force et amour*
*au long du jour qui vient.*
*Aidez-moi à être à la hauteur.*
*Partagez votre sagesse divine.*
*Enseignez-moi à respecter tout ce qui existe.*
*Rappelez-moi que l'amour est la force suprême.*
*Soyez bénis.*

## Prière du soir

*La lune illumine la terre*
*de ses rayons d'argent.*
*Répands sur moi ta lumière,*
*la nuit durant.*

*Répands sur moi ta lumière,*
*au soleil, le jour durant.*

## Prière avant le coucher

*Ô gracieuse Déesse,*
*Ô Dieu bienveillant,*
*j'entre maintenant au royaume des songes.*
*Entourez-moi, je vous en prie, de votre lumière protectrice.*
*Protégez mon corps endormi et mon esprit.*
*Veillez sur moi*
*jusqu'à ce que le soleil*
*règne de nouveau sur la Terre.*
*Ô gracieuse Déesse,*
*Ô Dieu bienveillant,*
*soyez à mes côtés la nuit durant.*

## Invocation avant le sommeil

*Dame de la Lune,*
*Seigneur du Soleil,*
*maintenant que le jour s'est éteint,*
*protégez-moi*
*ainsi que les miens.*

## Chant nouveau à la Lune

*L'argent ruisselle,*
*Diane grandit,*
*grandit et resplendit*
*d'amour pour moi.*

## Chant pour obtenir de l'aide

*Mère divine,*
*Divine Mère,*
*montre-moi le chemin,*
*accorde-moi un signe.*

# 10

# Prières et rites
# d'action de grâce et d'offrande

## RITES D'OFFRANDE

Plusieurs wiccas observent un rite traditionnel en faisant tous les jours une modeste offrande à la Déesse et au Dieu. Ce rite se déroule d'habitude devant les images des déités, mais il peut aussi être exécuté n'importe où, y compris en plein air.

Les offrandes régulières à la Déesse et au Dieu contribuent à renforcer notre engagement envers eux et envers notre religion ; aussi avons-nous toutes les raisons de faire des oblations périodiques.

Dans ce genre de rites, le bol servant à l'oblation (si la célébration a lieu à l'intérieur) tient lieu d'accessoire principal. Bien qu'il puisse être fait de n'importe quel matériau naturel, il est préférable d'utiliser un bol en argile, en bois, en céramique ou en argent.

Quelles offrandes faut-il choisir, de préférence ? De façon générale, la nourriture sous toutes ses formes (excepté la viande) ainsi que de petits objets précieux. Il arrive même que des bijoux et des articles de grande valeur soient présentés en offrande et enfouis dans la terre. Si vous n'avez rien d'autre et que vous manquez de nourriture, vous pouvez offrir de l'eau pure (non seulement indispensable à la vie humaine, mais également saturée de l'énergie de la Déesse). On peut également brûler de l'encens en guise d'offrande, mais il convient alors d'offrir un encens spécial que vous n'avez pas l'habitude d'utiliser. (Je souhaiterais ne pas avoir à le mentionner, mais juste au cas où certains d'entre vous auraient manqué une leçon importante : jamais nous ne sacrifions d'êtres vivants aux déités.)

Les offrandes doivent être faites sciemment, dans un esprit de gratitude, avec application et concentration. Les oblations accomplies pour la forme produiront peu d'effet. Dans certains cultes anciens, les fidèles croyaient indispensable de faire de telles offrandes pour se maintenir en vie.

Il se peut que vous décidiez de faire une offrande quotidienne, hebdomadaire ou mensuelle, ou une fois toutes les trois semaines au moment de la pleine lune. (Les oblations régulières sont préférables aux offrandes sporadiques.) L'heure de la journée importe peu, même si la plupart préfèrent la soirée. Encore une fois, je vous invite à découvrir la formule qui vous convient le mieux.

Bien sûr, nous pouvons aussi faire une offrande de remerciement, au moment de notre choix, pour une prière exaucée.

Faites appel à votre intuition et n'hésitez pas à faire des essais afin de découvrir les formes rituelles les plus satisfaisantes parmi les suggestions suivantes :

Après l'oblation, prenez quelques minutes pour réfléchir à la portée des gestes posés.

## Offrande quotidienne

Placez l'offrande dans le bol ou dans la terre en disant :

*Ce que je prends, je le donne librement.*

*Acceptez cette offrande, Ô Déesse, Ô Dieu.*

## Offrande quotidienne (variante) :

Présentez votre offrande en prononçant ces paroles :

*Je vous offre ce symbole de ma dévotion.*
*Puisse-t-il renforcer les liens qui m'unissent à vous.*

## Offrande pour l'obtention d'une faveur :

Cela n'a rien à voir avec une tentative de corruption. Il est impossible d'acheter la Déesse et le Dieu, puisqu'ils sont les créateurs et les maîtres de tout ce qui existe. Cependant, le don qui précède la présentation de notre requête spéciale (par une prière) symbolise également ce que nous désirons obtenir. Par le pouvoir de la prière, l'énergie intrinsèque de l'offrande est acheminée vers la Déesse et le Dieu, ce qui attire davantage l'attention sur notre demande.

Lorsque vous demandez une faveur, il convient de choisir une offrande appropriée : un article auquel vous attachez de la valeur, que ce soit sur le plan monétaire, sentimental ou spirituel. Enfouissez l'objet dans la terre en même temps que vous priez pour obtenir cette faveur.

Le rite est accompli.

(Ne cherchez jamais à récupérer une offrande enfouie dans le sol. Lorsque vous faites un don à la Déesse et au Dieu, vous renoncez à cet objet sous sa forme matérielle. Ce qui est fait est fait.)

## RITES D'ACTION DE GRÂCE

## Remerciements pour l'exaucement d'une prière :

*Ô Déesse,*
*tu as entendu ce que nulle oreille humaine n'entendait,*
*vu ce qu'aucun œil humain ne voyait,*

*transformé ce qu'aucun cœur humain ne pouvait souffrir,*

*accompli ce qu'aucune main humaine ne pouvait réaliser,*

*changé ce que nul pouvoir humain ne pouvait changer.*

*Déesse d'amour, Déesse toute-puissante,*

*Confluent de toutes les puissances,*

*Source de toute existence,*

*Reine du cosmos,*

*Créatrice de l'univers,*

*accepte cet humble gage de reconnaissance*

*du wicca solitaire*

*dont la parole*

*a été entendue.*

(Placez sur le sol une offrande, par exemple, une fleur, une pièce de monnaie, un bijou, une image que vous aurez dessinée vous-même, ou tout autre objet auquel vous attachez de la valeur. Vous pouvez également l'enfouir dans le sol. Si vous ne pouvez le faire immédiatement, déposez l'objet dans le bol d'offrande en attendant de l'offrir à la terre.)

## Rituel d'action de grâce solitaire

(Vous seul déciderez à quel moment il convient de conduire ce rituel. Il peut être accompli à n'importe quelle heure de la journée ou de la nuit, quelle que soit la phase de la lune, chaque fois que vous en ressentez le besoin.)

Il vous faudra un grand bol de couleur blanche ou rose, une chandelle blanche, de l'eau, des fleurs fraîchement cueillies (des fleurs blanches de préférence) et un napperon de coton blanc.

Déposez le bol sur l'autel (ou sur n'importe quelle table). Si vous le souhaitez, vous pouvez projeter un cercle. Faites tenir la chandelle blanche au centre du bol avec les gouttes de cire d'une autre chandelle blanche ou en utilisant de la cire d'abeille légèrement chauffée (le bol fait ainsi office de chandelier).

Versez ensuite l'eau dans le bol et dispersez les fleurs fraîches à la surface. Allumez la chandelle.

Représentez-vous votre intention rituelle ; n'oubliez pas que vous souhaitez remercier la Déesse et le Dieu. Touchez l'eau avec le bout de vos doigts, de part et d'autre de la chandelle, en prononçant ces mots ou une formule semblable :

*Dame de la Lune, des étoiles et de la Terre,*

*Seigneur du Soleil, des forêts et des collines,*

*je célèbre un rituel d'action de grâce.*

*Mon amour brille comme la flamme.*

*Mon amour flotte, comme les pétales,*

*sur vous.*

*Dame des eaux, des fleurs et de la mer,*

*Seigneur de l'air, des cornes et du feu,*

*je célèbre un rituel d'action de grâce.*

*Mon amour brille comme la flamme.*

*Mon amour flotte, comme les pétales,*

*sur vous.*

*Dame des cavernes, des chats et des serpents,*

*Seigneur des plaines, des faucons et des cerfs,*

*je célèbre un rituel d'action de grâce.*

*Mon amour brille comme la flamme.*

*Mon amour flotte, comme les pétales,*

*sur vous.*

Regardez à l'intérieur de la flamme, puis à l'intérieur de l'eau. Soufflez légèrement à la surface de l'eau et observez les mouvements des fleurs. Entrez en communion, en méditation. Rendez grâce.

Enlevez les pétales de l'eau et placez-les au centre du napperon de coton. Enveloppez les pétales dans le morceau de
tissu. Si vous avez projeté un cercle, effacez-le à présent. Pour
mettre fin au rituel, éteignez la chandelle avec vos doigts, versez
l'eau sur le sol et enfouissez les fleurs dans la terre. Le rituel est
accompli.

# 11

# Le rituel simplifié

V ous êtes enthousiasmé à l'idée de partir bientôt en voyage. Vous vous rendez compte alors que le voyage projeté vous empêchera de célébrer un sabbat ou un esbat. Comme il ne serait pas commode (ou recommandé) d'emporter tous vos accessoires rituels, que pouvez-vous faire ?

Il peut vous arriver également d'éprouver soudain le désir ou le besoin de célébrer un rituel. Vous apprenez qu'un ami est hospitalisé ou qu'un être cher est en danger. En de pareilles circonstances, vous n'avez pratiquement aucun temps pour les préparatifs. Une fois de plus, que pouvez-vous faire ?

La solution réside dans la simplification des rites wiccas. Dans certains cas, il sera peut-être plus indiqué de faire appel à la magie (à une pratique de magie populaire, par exemple). Pour les occasions à caractère purement spirituel, même les rituels schématiques peuvent opérer des changements majeurs sur le plan de la conscience et établir une communication satisfaisante avec la Déesse et le Dieu.

Les outils rituels (athamé, baguette, coupe, encensoir, encens, eau et sel) remplissent une fonction de soutien. S'ils ne sont pas indispensables, ils se révèlent toutefois fort utiles pour conduire l'esprit vers la conscience rituelle, pour délimiter et purifier l'espace sacré de même que pour invoquer la Déesse et le Dieu lorsque nous débutons dans l'apprentissage de la Wicca. Une fois que nous maîtrisons les rudiments, ces outils ne sont plus absolument nécessaires, mais ils demeurent de précieux alliés. Comme vous l'aurez peut-être deviné, le rituel simplifié est un rite qui peut être accompli avec un minimum d'accessoires et de gestes rituels.

J'ai célébré des rituels avec un sachet de sel (comme on en trouve dans certains restaurants), un gobelet de carton rempli d'eau, une bougie d'anniversaire et un couteau de table. Avec le sel et l'eau, j'ai consacré l'espace autour de moi. J'ai utilisé le couteau pour projeter un cercle de dimension réduite et j'ai allumé la bougie pour la Déesse et le Dieu. J'avais omis le bain rituel, j'avais peu d'outils et guère de temps pour les préparatifs, mais ce rite s'est avéré très gratifiant.

Un jour, des copains et moi avons célébré un rite de guérison sommaire dans la chambre d'hôpital d'un ami malade. À quelques reprises, j'ai psalmodié à voix basse dans le silence d'une chambre d'hôtel anonyme, loin de chez moi. Il m'est arrivé aussi d'improviser un rite lunaire lorsque la lune m'apparaissait par hasard entre les branches des arbres.

De plus, j'ai conduit des rituels à l'intérieur ou en plein air à l'aide des outils que m'offrait la nature : la terre sous mes pieds, l'eau bouillonnant devant moi, l'air et le soleil ardent au-dessus de ma tête. Pour accomplir des rites wiccas abrégés, je n'ai compté le plus souvent que sur ma pensée, mes émotions et mes aptitudes pour la visualisation magique.

Lorsque j'ai commencé à pratiquer la Wicca, j'étais mineur et je vivais chez mes parents. Cela me forçait à utiliser des rituels rudimentaires : allumer des chandelles et chanter doucement; fixer une flamme à l'occasion des sabbats; murmurer des incantations à la pleine lune, assis sur l'appui de la fenêtre en contemplant le globe lunaire.

En bref, bien que les formes et les outils rituels de la Wicca revêtent de l'importance parce qu'ils contribuent en partie à la caractériser, ils ne sont pas indispensables. L'efficacité du rituel ne dépend pas du nombre d'outils entassés sur l'autel ; le rituel opérant a son origine et prend son élan en nous. Les outils et les chants mémorisés extériorisent les changements qui ont lieu en nous (par exemple, le passage à la conscience rituelle). S'ils peuvent nous aider à provoquer ces transformations intérieures, ils ne sont pas obligatoires.

Les pages suivantes proposent les étapes à suivre pour la célébration de rites wiccas improvisés ou simplifiés. Considérez ces suggestions comme un modèle dont vous pourrez vous inspirer pour créer vos propres rites. Il peut être nécessaire de recourir à ce genre de rite à tout moment, mais cela survient en général lorsque vous vous absentez de la maison et que vous n'avez aucun livre sous la main. Afin de faire face à ce type d'urgence, envisagez à l'avance certains procédés qui vous permettront d'accomplir des rites wiccas simples et efficaces, avec peu d'accessoires, n'importe où et n'importe quand.

Les instructions suivantes sont adaptées aux situations d'urgence, de même qu'aux jours de sabbats et d'esbats passés loin de votre foyer (et de vos outils).

## PROJECTION DU CERCLE

Suivant les circonstances, vous pouvez être debout, assis ou étendu. Mobilisez l'énergie en contractant vos muscles. Représentez-vous mentalement cette énergie sous la forme d'une boule de feu bleu-violet à l'intérieur de votre corps. À l'aide de votre main émettrice, projetez l'énergie à l'extérieur de vous de sorte à former un cercle magique de dimension réduite. (La main sert à diriger l'énergie.) Ou encore, projetez l'énergie de façon à former un cercle dans le sens des aiguilles d'une montre autour de vous en gardant votre main immobile. Percevez le rayonnement et la vibration du cercle. (Si vous le souhaitez, et si c'est possible, aspergez de l'eau et répandez un peu de sel pour bénir l'espace qui vous entoure avant de former le cercle.)

# L'INVOCATION DE LA DÉESSE ET DU DIEU

Les prières que vous avez mémorisées pourront vous sembler adéquates; dites simplement ce que vous éprouvez. Lorsque vous priez, n'oubliez pas de vous concentrer sur le lien qui vous unit à la Déesse et au Dieu. Si les circonstances ne vous permettent pas de parler à voix haute, dites les mots en pensée. Vous pouvez utiliser une formule semblable à celle-ci :

*Déesse mère, sois ici avec moi.*

*Dieu père, sois ici avec moi.*

Exposez ensuite la situation ou prononcez des paroles pour souligner cette occasion rituelle. Il n'est pas nécessaire de parler longuement. Je vous suggère la présentation suivante :

❖   Énoncez les raisons pour lesquelles vous accomplissez le rite : observance d'un sabbat (si oui, mentionnez lequel), rite de la pleine lune ou intention particulière.

❖   Dites quelques mots sur cette occasion rituelle ou pour demander l'appui de vos déités, le cas échéant.

❖   Remerciez la Déesse et le Dieu de leur attention. À l'occasion de Yule, par exemple, la formule utilisée pourrait ressembler à ceci :

*Je me présente devant vous en cette nuit (ou en ce jour) pour célébrer Yule. La Déesse a redonné naissance au soleil.*

*La lumière croît. La promesse du printemps a germé.*

Après avoir médité quelques instants sur le sens de cette occasion rituelle, prononcez ces mots :

*Ô Déesse, Ô Dieu, je vous remercie de votre présence à l'intérieur de cet humble cercle. Je vous salue et prends congé de vous.*

Vous souhaiterez peut-être en dire plus ou réciter certaines invocations que vous avez apprises par cœur. Obéissez à votre intuition.

## CONCLUSION DU RITE

Après avoir remercié la Déesse et le Dieu, reprenez l'énergie qui a servi à la création du cercle. Si c'est possible, absorbez un aliment quelconque après la fermeture du cercle (faute de mieux, une pincée de sel fera l'affaire). Ainsi prend fin votre rite abrégé.

Ce type de rituel peut être accompli dans une salle bondée, ou en présence d'autres personnes, sans qu'elles en aient conscience ; il suffit pour cela de murmurer et d'accomplir ces actes en pensée. Vous pouvez dire en toute honnêteté que vous souhaitez prier quelques instants sans pour autant révéler à qui s'adresse votre prière.

Le fait de ne pas avoir vos outils avec vous ou d'être pris de court ne devrait pas vous empêcher de célébrer un rituel. Il s'agit de l'un des avantages majeurs de la pratique individuelle de la Wicca : vous n'êtes pas tenu de téléphoner aux autres membres pour les cérémonies rituelles ni de croire que leur présence est indispensable pour accomplir un rituel. Le rituel wicca simplifié vous permet de célébrer dans la solitude.

# 12

# Le pratiquant individuel
# et la magie

L a magie constitue un outil d'une formidable puissance, capable de nous aider à transformer notre vie spirituelle et notre existence matérielle. Cette méthode naturelle (et pourtant méconnue) de mobilisation de l'énergie dans une intention spécifique constitue assurément un aspect important de la Wicca, car (bien sûr) nous faisons appel à la magie pour former le cercle à l'intérieur duquel nous opérons nos rites. Nous pouvons également recourir à la magie pour la purification et la consécration de nos outils et bijoux rituels.

Le présent chapitre traitera de la magie wicca par opposition à la magie populaire (l'usage profane d'outils tels que chandelles, herbes, huiles et couleurs, conjugué au pouvoir personnel, en vue de produire des changements désirés).

## LE CERCLE

Vous connaissez probablement déjà la méthode de création du cercle magique (ou de création de l'espace sacré). Vous mobilisez l'énergie, puis vous lui donnez un but spécifique. Vous dirigez ensuite cette énergie à l'extérieur de votre corps, en pensée ou peut-être à l'aide d'un outil, en lui donnant la forme d'une sphère assez spacieuse pour y tenir vos rituels.

Vos lectures devraient tout au moins avoir éclairci ce point. Or, comprenez-vous *bien* ce processus ? Le tenez-vous pour acquis ? Savez-vous réellement ce qui se passe alors ? Vous arrive-t-il de vérifier la résistance du cercle ? Avez-vous déjà cherché à percevoir les limites du cercle en faisant appel à la sensibilité de votre main tendue ? Votre cercle (ou plus exactement votre hémisphère) est-il parfait ? ou semble-t-il asymétrique ? aplati ? elliptique ? trop vaste ?

L'examen attentif du prochain cercle que vous créerez permettra de répondre à ces questions. Une fois votre cercle complété, vérifiez-le avec précaution, en faisant usage de tous vos sens (et tout spécialement de vos facultés extrasensorielles). Après avoir répondu aux questions posées plus haut, voyez si vous vous sentez différent lorsque vous êtes à l'intérieur des limites du cercle. C'est un indice sûr. Si vous constatez que quelque chose ne va pas, fermez le cercle, puis recommencez en prêtant une attention accrue à ce que vous faites.

Nous ne devrions jamais bâcler la construction d'un cercle. La création d'un cercle peut se comparer à l'édification d'une cathédrale ou à l'érection des mégalithes de Stonehenge : nous bâtissons un temple, *notre* temple, où nous rendrons hommage à nos déités. Cela mérite que nous y consacrions tout notre temps, toute notre énergie et notre attention.

## LA MOBILISATION DE L'ÉNERGIE DANS LE CERCLE

Ce procédé magique devrait également vous être familier. Le wicca projette un besoin particulier sur l'écran de la pensée. En se concentrant sur cette image, il mobilise l'énergie à l'intérieur de son corps et l'imprègne de ce besoin, par la puissance de la visualisation. L'énergie est ensuite libérée.

Malheureusement, les pratiquants individuels de la Wicca ont peu de méthodes de mobilisation de l'énergie à leur disposition. Voici la première : assis devant l'autel, commencez à scander lentement une requête, par exemple « guérissez-la » ou « protégez-moi ». Accélérez progressivement le rythme du chant, sans relâcher votre visualisation. Contractez progressivement tous les muscles de votre corps (ceci met en jeu l'énergie, même si vous ne bougez pas). Le pouvoir s'accumule en vous au point de déborder. Libérez-le.

Il existe une autre méthode beaucoup plus physique. Tout d'abord, commencez à danser lentement (ou à marcher) autour de l'autel dans le sens des aiguilles d'une montre, en vous concentrant sur l'image mentale de votre requête ou en l'exprimant par un chant. Pressez la cadence. En libérant le pouvoir, il est possible que vous fassiez une chute théâtrale sur le plancher.

Il existe toutefois une troisième méthode qui emploie des techniques de respiration pour contracter les muscles et mobiliser l'énergie.

C'est à peu près tout, compagnons solitaires. Il existe encore quelques méthodes, mais celles-ci requièrent la présence de plusieurs personnes et ne valent donc que pour les covens.

## LA LIBÉRATION DE L'ÉNERGIE

Dans les rituels magiques des covens, le pouvoir est mobilisé grâce à l'une des nombreuses méthodes disponibles. Cet exercice se poursuit jusqu'à ce que le pouvoir soit à son maximum. Les participants laissent alors le pouvoir s'échapper; lorsqu'ils libèrent le pouvoir, leurs muscles se relâchent complètement, et il leur arrive de s'effondrer sur le plancher. Pour les besoins de la cause, ceux qui assistent et participent à ce processus seront appelés « évocateurs » d'énergie.

Dans la plupart des cas, ce pouvoir est ensuite dirigé et libéré à travers le cercle par une seule personne – généralement la grande prêtresse. (Il arrive que l'énergie soit dirigée dans un objet matériel placé à l'intérieur du cercle.) Cette personne, que j'appellerai ici la « transmettrice » d'énergie, possède la capacité d'accumuler toute cette énergie à l'intérieur d'elle-même et de la diriger ensuite à l'extérieur, vers son but. (Certains covens procèdent de façon différente en laissant chaque personne projeter elle-même son énergie. Néanmoins, une personne – l'émetteur – est chargée de diriger les énergies déviantes et de superviser le processus de mobilisation de l'énergie qui amène cette libération du pouvoir.)

En tant que pratiquants individuels, nous devons toujours agir à la fois comme évocateur et transmetteur d'énergie, ce qui exige de l'entraînement ainsi qu'une certaine maîtrise.

Nous utilisons la méthode appliquée par les membres des covens mentionnée plus haut. Le moment venu, poussez simplement l'énergie à l'extérieur. Relâchez vos muscles – tous à la fois. En recourant à la visualisation, faites sortir l'énergie de votre main ou de votre athamé.

Au début, certains trouvent l'exercice difficile. Le wicca qui parvient à sentir l'énergie et qui tente de la projeter à l'extérieur se demande souvent si celle-ci atteint son but. En outre, plusieurs nouveaux pratiquants individuels de la Wicca essaient de s'expliquer comment l'énergie entre et sort du cercle alors que le cercle a entre autres pour fonction de retenir cette énergie.

L'habileté à mobiliser et à libérer l'énergie constitue l'un des défis qui se pose au pratiquant individuel de la Wicca. Cette maîtrise s'acquiert avec le temps. Lorsque vous avez projeté le cercle comme il le faut, vous avez libéré l'énergie accumulée dans votre corps dans un but particulier et ce but a été atteint. Vous avez donc accompli un acte magique.

Une fois que vous avez réussi cette opération, l'étape suivante consiste à mobiliser une plus grande quantité d'énergie (en recourant à l'une des techniques décrites ci-dessus) et à la projeter un peu plus loin, au travers du cercle, en direction de son but.

Ne vous inquiétez pas de ce que le cercle puisse gêner de quelque façon la sortie de l'énergie. Il agit un peu comme une porte. Vous vous trouvez à l'intérieur et l'émission d'énergie dans le cercle a pour effet d'ouvrir la porte. Les cercles, comme les portes, n'ont aucunement besoin de se faire expliquer leur rôle au cours d'un rite de magie. Le cercle « sait » qu'il a entre autres pour fonction de libérer l'énergie. (La porte se referme d'elle-même après le passage de l'énergie.)

D'accord, pourriez-vous dire, ainsi le cercle se compare à une pièce et nous pouvons projeter l'énergie hors de celui-ci. Excellent. Mais pourquoi l'énergie ne s'échappe-t-elle pas avant que nous soyons prêts à la projeter ? Parce que nous n'avons pas libéré une quantité suffisante d'énergie pour que la porte s'ouvre. Pour ouvrir une porte, il ne suffit pas de saisir la poignée. Nous devons exercer une force et une pression adéquates pour enlever l'obstacle. Cela vaut aussi pour la magie : seul un courant d'énergie focalisé et unidirectionnel a la puissance requise pour trouer temporairement le cercle et se propager au-delà de ses limites.

Dans un coven, la mobilisation de l'énergie peut se prolonger durant une demi-heure ou plus par des danses autour du cercle, des chants et d'autres techniques. Pendant cette période, les membres des covens laisseront inévitablement échapper une partie de leur énergie avant que la grande prêtresse ne détermine le moment de la libération générale. Cette énergie est conservée à l'intérieur du cercle jusqu'à ce que la porte soit ouverte par les forces combinées de tous les membres du coven et canalisées par la grande prêtresse.

Chez les wiccas solitaires, le cercle sert également de cadre à la mobilisation de l'énergie. Bien sûr, il peut arriver que nous libérions prématurément une faible quantité d'énergie. Toutefois, il est essentiel que nous retenions cette énergie jusqu'au dernier moment, car il est plus efficace de libérer l'énergie en bloc.

Projetez le pouvoir à l'extérieur de vous. Sentez-le éclater en un faisceau d'énergie directive, s'échapper de vous, franchir le cercle et filer vers son but. Voyez en pensée et sentez l'énergie en surplus dans le cercle qui se joint au courant principal.

Puisqu'il n'y a personne d'autre pour diriger l'énergie, vous devez vous charger de cette tâche. Heureusement, cela s'avère assez simple avec un peu de pratique. Utilisez la visualisation !

Après la célébration de chaque rite wicca, en particulier de ceux comportant des pratiques de magie, il est normal qu'une certaine quantité d'énergie demeure à l'intérieur du cercle. Comme celle-ci peut nuire à la concentration, il est d'usage de consommer des aliments après chaque rituel pour mettre cette énergie à la terre. L'idéal serait de choisir des aliments riches en protéines (tels les fèves et le maïs, les produits laitiers, etc.). L'absorption de nourriture ramène la conscience à la réalité quotidienne, en plus de contribuer à renouveler en partie les énergies dépensées au cours des pratiques magiques.

Voilà pour ce qui concerne les activités magiques dans la pratique individuelle de la Wicca. Il fut une époque où ces informations étaient tenues secrètes. De nos jours, tous peuvent partager ces connaissances et les appliquer afin d'améliorer la qualité de leur existence.

Il convient peut-être d'apporter une ou deux précisions. La magie wicca accomplie à l'intérieur du cercle doit viser un changement positif. La magie noire n'a pas sa place au sein de la Wicca et celui qui la pratiquerait à l'intérieur d'un cercle magique s'expose à un effet boomerang immédiat.

L'énergie mobilisée à l'intérieur de l'espace sacré (le cercle) est réglée sur la Déesse et le Dieu. Si vous dirigez des énergies négatives vers eux, il est probable que celles-ci vous seront retournées sur-le-champ, triplées.

Au fil des ans, plusieurs wiccas bien intentionnés ont souligné les dangers de la pratique individuelle de la Wicca. Selon eux, le coven est en mesure de neutraliser le membre particulièrement instable qui souhaite accomplir au sein de celui-ci un rite de magie négative. (Aucun coven ne s'adonnerait à des pratiques de magie noire.)

Bien qu'il semble acceptable à première vue, cet argument ne tient pas debout. Une personne droite est une personne droite. Quiconque adhère au principe fondamental de la Wicca (ne blesser personne) ne sera pas tenté d'accomplir une pratique de magie négative, qu'il soit membre d'un coven ou pratiquant individuel.

On ne le répétera jamais assez : ne blesser personne, cela signifie *personne*, en aucune manière, y compris vous-même. (Par « blesser », il faut entendre s'immiscer dans la vie d'autrui, la manipuler, et bien sûr jeter des sorts, proférer des malédictions ou conjurer un envoûtement amoureux sur une personne en particulier.) Une fois ce principe accepté, et il devrait l'être par tous ceux qui affirment être wiccas, les prétendus dangers de la pratique individuelle de la Wicca s'évanouissent « comme par magie ».

TROISIÈME PARTIE

# VOTRE TRADITION PERSONNELLE

# 13

# La création d'une nouvelle voie

La Wicca telle que nous la connaissons est pour une large part organisée en traditions. Puisque les traditions comportent, par définition, des croyances et pratiques transmises de génération en génération, une tradition wicca consiste en un ensemble de pratiques spécifiques transmises à d'autres personnes, en général à la suite d'une initiation.

Les traditions wiccas sont l'un des mécanismes les plus actifs par lesquels notre religion assure sa survivance. La structure représente une condition indispensable à la pérennité de chaque religion. Sans elle, celle-ci s'effondrerait dans le chaos et la confusion.

Si chaque membre réinventait constamment chacun des aspects de la Wicca (les outils, les rites, les concepts du divin), la religion wicca telle que nous la connaissons aujourd'hui aurait tôt fait de disparaître. Sans doctrines et pratiques traditionnelles, elle ne pourrait guère être transmise à d'autres personnes.

En tant que pratiquants individuels de la Wicca, nous n'adhérons pas à une tradition particulière (à moins d'avoir été formés au sein d'une tradition et d'avoir quitté un coven). Cela nous laisse beaucoup de latitude. Certains wiccas solitaires pratiquent une forme de Wicca assez libre et inventent de nouveaux rituels pour chaque sabbat et chaque esbat.

Toutefois, plusieurs pratiquants individuels ressentent le besoin de créer leur propre tradition afin d'établir leurs croyances et leurs pratiques religieuses sur des fondations solides. Bien que ces nouvelles traditions soient appelées à s'enrichir avec le temps et l'application, elles constituent certainement un cadre valable pour la pratique individuelle de la Wicca. Tout au moins, elles offrent un point d'appui dans l'expérience souvent mouvementée de la pratique autonome, et une garantie que le wicca progresse dans la bonne voie. En un sens, chaque tradition wicca est une carte indiquant un chemin spécifique menant à la Déesse.

La troisième partie de ce livre est constituée d'instructions claires concernant la création d'une nouvelle tradition wicca, une tradition qui vous conviendra parfaitement. Comme vous en êtes l'auteur, vous pouvez vous concentrer sur vos besoins personnels et il est probable que le résultat final se révélera beaucoup plus satisfaisant sur le plan spirituel que n'importe quelle autre tradition wicca.

Vous n'êtes pas obligé d'entreprendre ce travail. Cependant, si vous prenez la décision de créer votre propre tradition wicca, vous trouverez dans les lignes et les chapitres suivants quelques idées qui vous aideront à vous mettre à la tâche.

## POURQUOI CRÉER UNE NOUVELLE TRADITION ?

Et pourquoi pas ? Il existe peu de Livres des Ombres vraiment complets, et la plupart sont presque toujours conçus pour la pratique collective. Par conséquent, aucun n'est parfaitement adapté à la pratique individuelle. Cette raison suffit à elle seule pour que vous inventiez votre propre tradition wicca.

De plus, il est possible que les rituels déjà publiés vous semblent désuets ou étrangers, ou qu'ils ne vous incitent pas à vous engager plus pleinement dans la Wicca. Il se peut aussi que vous vous posiez trop de questions sur une tradition particulière de la Wicca, même si celle-ci a été rendue publique, pour vous sentir en mesure de célébrer ses rites.

Par ailleurs, il y a peut-être en vous une veine créatrice qui cherche à se manifester. La conception d'une tradition wicca consiste en un processus créateur, mais elle exige d'être accomplie suivant certaines règles.

## POUR DÉBUTER

À l'instant même où vous lisez ces mots, prenez un stylo et plusieurs feuilles de papier.

En haut de la première page, inscrivez les mots suivants en gros caractères :

CONCEPTS DU DIVIN

Sur la deuxième page, écrivez : OUTILS, AUTELS, VÊTEMENTS, BIJOUX

Sur la troisième, RITUELS

Sur la quatrième, CROYANCES

Sur la cinquième, RÈGLES

Sur la sixième, RUNES ET SYMBOLES

Sur la septième, LE LIVRE DES OMBRES

Utilisez ces pages pour prendre des notes lors de la lecture des prochains chapitres. Plus tard, vous aurez probablement besoin de beaucoup plus d'espace pour inscrire vos idées et vos commentaires sur chacun des thèmes, mais c'est un excellent point de départ. (Au début, l'utilisation d'un ordinateur ou d'une machine à écrire pourrait vous ralentir.)

Le plus important, c'est de commencer à formuler des idées sur une page. Celles-ci finiront par devenir des rituels, des croyances, des règles, etc. Il n'entre rien de nébuleux ou d'éthéré dans une tradition wicca ; celle-ci possède ses caractères propres, et la définition de ces propriétés constitue la première étape de la création de votre tradition.

La Wicca n'est pas un fourre-tout spirituel. Une authentique tradition wicca doit s'appuyer sur certains usages établis. Si vous pouvez vous permettre plusieurs notes personnelles, certains éléments constitutifs de la Wicca doivent être conservés. Ceux-ci seront clairement identifiés.

Dans les chapitres suivants, nous explorerons une méthode qui permet de créer une tradition wicca. Libre à vous de l'utiliser si elle semble vous convenir ; sinon, n'en faites rien. Et ne vous sentez pas obligé de créer une nouvelle voie si vous ne le souhaitez pas.

La création de votre propre tradition wicca est un projet passionnant et stimulant, un processus qui vous amène à définir non seulement les modes d'expression de votre spiritualité, mais également la nature même de votre spiritualité. C'est donc une invitation à partir à la découverte de vous-même.

# 14

# Concepts du divin

S ans les déités, les religions de toute nature n'existeraient pas. Quelle définition personnelle donnez-vous aux concepts du divin propres à votre tradition ? Chaque pratiquant de la Wicca se forme une conception individuelle de la Déesse et du Dieu d'après ses expériences personnelles, ses recherches et les échanges qu'il a avec eux. Ces images serviront évidemment d'assise aux concepts du divin de la nouvelle tradition que vous créerez. La recherche vous aidera également en ce sens. (Consultez la liste des ouvrages recommandés à la fin de ce chapitre). Ainsi que nous le verrons, le caractère des déités de votre tradition personnelle revêt une importance considérable.

## LA DÉESSE ET LE DIEU

Le culte représente l'élément central de toute religion et il est essentiel de renforcer votre conception de la Déesse et du Dieu. Si jusqu'ici ils vous sont apparus comme des grands-parents du monde astral, ou des puissances insaisissables, il est peut-être temps de les ramener mentalement sur terre.

Les réflexions suivantes peuvent vous aider à mieux cerner les concepts de la Déesse et du Dieu. Utilisées concurremment avec les lectures suggérées à la fin du présent chapitre et vos propres expériences spirituelles, ces observations devraient vous permettre d'approfondir votre connaissance de la Déesse et du Dieu*.

## LA DÉESSE

La Déesse est en vérité toute chose : puissance, sagesse, amour, fertilité et créativité infinis. Elle est la force à la fois nourricière et destructrice qui créa notre univers et qui façonne nos vies.

Vous pourriez concevoir la Déesse comme celle qui est Tout. Même alors, il sera probablement nécessaire d'identifier ses symboles et certaines de ses manifestations pour prendre contact avec elle. En d'autres termes, vous devrez découvrir son numéro de téléphone personnel ; l'emblème de sa puissance qui permettra d'établir la communication par l'action du rituel.

(La liste ci-dessous consiste simplement en une nomenclature de quelques attributs de la Déesse. Veuillez prendre note que ce sont différents aspects d'un même être, la Déesse, et que la liste est loin d'être complète.)

Voici des indications qui nous renseignent sur sa nature :

❖   Déesse de l'espace intersidéral.

Déesse des étoiles.

Déesse des galaxies.

Déesse de l'univers.

---

\* Jusqu'à récemment, la Wicca comportait peu d'enseignements sur la Déesse et le Dieu. Nous avons puisé à certains mythes (légendes sacrées) qui nous avaient été appris ainsi qu'aux enseignements oraux, expériences personnelles et indications qui nous avaient été fournis par d'autres wiccas, cependant, mis à part les expériences personnelles, nous avions peu d'éléments sur lesquels fonder nos concepts. Aujourd'hui, toutefois, le culte de la Déesse et, de façon plus générale, les religions pré-chrétiennes, suscitent un regain d'intérêt et font l'objet de nouvelles études, ce qui nous permet de réunir plusieurs informations, dont certaines peuvent être utilisées dans un contexte wicca. Consultez la bibliographie.

❖ Déesse de la lune.

Déesse de la lune qui croît.

Déesse de la pleine lune.

Déesse de la lune qui décroît.

❖ Déesse de la terre.

Déesse de la fertilité du sol et des plantes.

Déesse des animaux.

Déesse des tempêtes, des séismes, de l'activité vol-
canique.

Déesse de la pluie, des sources, des fleuves, des lacs, des
mers et des océans.

❖ Déesse de la fraîcheur, du renouveau, des commencements, des promesses et des potentialités.

❖ Déesse de l'enfantement, des mères et de la maternité.

❖ Déesse de l'amour, de la beauté, de la compassion.

❖ Déesse de la guérison.

❖ Déesse de la prophétie.

❖ Déesse de la magie.

❖ Déesse de la sagesse.

❖ Déesse de la puissance.

❖ Déesse de la destruction, du châtiment, de la guerre*.

---

* Je suis conscient qu'il existe plusieurs autres types de déesses.
Cependant, je me contente ici de mentionner celles vénérées ou reconnues par la Wicca contemporaine. Ce qui est païen n'est pas nécessairement wicca.

Le concept de la déesse de l'espace n'est pas véritablement une notion wicca. Il faut ajouter au moins deux autres aspects : Déesse de la lune et de la terre. En effet, la majorité des représentations de la Déesse sont fondées sur de multiples combinaisons de ces différents aspects. Cela signifie donc une Déesse associée à tout ce qui existe, dont les représentations les plus fidèles sont la lune et la terre sous nos pieds. Le domaine de la Déesse englobe tout ce qui vit sur terre et tout ce qui vient de la terre.

La plupart des wiccas reconnaissent également l'action de la Déesse dans l'enfantement, la guérison, l'amour ; son rôle de dispensatrice de sagesse et d'énergie magique dans les moments difficiles.

L'une des représentations de la Déesse a acquis une grande popularité. En sa qualité de divinité triple (en relation avec les phases de la lune), la Déesse est étroitement associée avec la nouvelle lune et la fraîcheur (la jeune fille) ; avec la pleine lune, les mères et l'enfantement (la mère) ; ainsi qu'avec la lune décroissante, avec la sagesse, la prophétie, la magie, la destruction et le châtiment (la vieille femme ; la source de sagesse infinie). Celle que j'appelle la déesse des trois aspects (une expression que l'on voudra bien me pardonner) est directement associée à l'existence et aux cycles féminins et est devenue extrêmement populaire au sein de la Wicca proprement dite comme à l'extérieur de celle-ci. (Voir les ouvrages recommandés). (Certains wiccas semblent convaincus que cette conception de la Déesse est la seule qui ait toujours existé. Cela n'est certainement pas le cas, mais cette représentation wicca jouit actuellement d'une grande popularité.)

La majorité des wiccas conviennent que la Déesse possède un côté sombre. La nature elle-même le montre très clairement : pensons tout de suite aux tempêtes et aux séismes. Néanmoins, nous avons choisi de ne pas nous attarder à ces aspects et de ne jamais invoquer la Déesse à ces fins. Regardons les choses bien en face : la dernière chose dont nous avons besoin, c'est de semer plus de violence et de destruction dans le monde. Si elle croit bon de le faire, très bien ; mais il n'en va pas de même pour les humains.

Dans la pratique de la Wicca, nous nous tournons vers les aspects de la Déesse qui élèvent notre âme. Agir autrement ne mènerait qu'au désespoir et à la souffrance. Si nous voulons que notre religion nous apporte le réconfort spirituel, l'amour et l'espérance dont nous avons besoin, nous devons considérer la Déesse comme une source d'amour, de compassion, de soutien et d'émerveillement. Je préfère vénérer la Déesse sous cette apparence que sous celle d'une reine guerrière ; je ne suis pas un homme de guerre et je n'ai aucune envie d'encourager indirectement quiconque à le devenir*, car les guerres n'ont été que trop nombreuses.

La Déesse de la destinée est l'un des aspects qui ne figure pas sur la liste que j'ai dressée. Les wiccas l'invoquent rarement sous ce nom, simplement parce que nous ne croyons pas à la prédestination. Si c'était le cas, nous ne pratiquerions pas la magie pour transformer notre vie, car cela serait inefficace. Cependant, certains wiccas peuvent soutenir que la Déesse nourrit effectivement certains projets pour nous et qu'elle peut susciter certaines situations qui nous rappelleront gentiment certaines leçons ou qui nous influenceront à faire les bons choix lorsque nous vivons des moments de grande tension. De ce point de vue, peut-être, la Déesse peut être envisagée comme la Déesse de la destinée, mais non dans le sens que l'on attribue généralement à ce terme. Nous n'accomplissons pas la volonté de la Déesse ; elle nous donne toujours le choix et nous permet de tomber face contre terre si (ou lorsque) nous faisons fausse route.

---

*Plusieurs d'entre vous seront en désaccord avec moi, en particulier ceux qui pratiquent une forme de Wicca non conformiste. Je dois admettre, en effet, qu'il arrive parfois un moment où nous devons invoquer la Dame de la justice, mais cette forme de culte peut se révéler démoralisante et même dangereuse. Cet aspect de la Déesse ne doit être invoqué que par celui ou celle qui est sans faute, car elle exerce sa justice sur quiconque fait le mal, même sur celui ou celle qui la vénère. C'est un sujet qui donne à réfléchir.

En tant que Déesse de la guérison, de l'amour, de la beauté, de la compassion et de la prophétie, elle est vénérée par la presque totalité des wiccas. Certains insistent sur ces attributs, du moins lorsqu'ils en sentent le besoin. Quoi qu'il en soit, elle demeure une déesse d'amour et de sollicitude, et les rituels de guérison qui lui sont adressés ou qui intercèdent auprès d'elle sont assurés d'obtenir sa bénédiction.

Le moment est venu de traiter des multiples formes que peut revêtir la Déesse. Peut-être l'avez-vous déjà aperçue dans vos rêves, au cours de vos méditations et de vos rituels. Si c'est le cas, pensez au jour sous lequel elle s'est montrée à vous. Elle est l'Un aux mille visages, et le visage qu'elle vous a présenté vous permettra d'entrer en contact avec elle ultérieurement.

Si vous n'avez pas encore aperçu physiquement la Déesse (et de nombreux wiccas ne l'ont jamais vue), ne perdez pas espoir. Cela peut vous arriver. En attendant, formez-vous une image personnelle de la Déesse en vous fiant à vos sentiments, à vos intuitions et à la façon dont vous la percevez. (N'oubliez pas qu'elle peut apporter secrètement son aide à ce processus.)

Quelques wiccas s'en font une image très précise :

«Je me représente la Déesse comme une déesse-femme robuste, aux formes pleines. Ses cheveux ont la couleur du blé ; ses yeux sont aussi bleus que l'océan, sa peau aussi sombre que la terre noire et fertile. Debout sous un arbre, nue et souriante, elle tient des fleurs dans ses mains ouvertes. »

«Je me représente la Déesse comme un être lunaire et céleste. Sa peau est d'un blanc lacté (comme si elle était éclairée par la lune); sa robe blanche diaphane laisse transparaître les formes de son corps qui changent selon les phases de la lune ; elle porte un collier de perles et de pierres de lune au cou et un croissant aux cornes tournées vers le haut sur le front. Sa chevelure est blanche (ou argentée ou blonde) et elle s'amuse à lancer en l'air la lune brillante qu'elle tient entre ses mains. »

«Je me représente la Déesse sous les traits de ma grand-mère décédée : habillée de vêtements cousus de ses mains, elle est assise dans une berceuse au coin d'un feu de branches de saule, dans une maison sans murs. Elle brode avec des gestes lents un motif de l'univers sur une étoffe bleu foncé et me révèle tous ses secrets. Assise à ses pieds sur un tapis tissé, je l'écoute attentivement. C'est la Vieille femme. »

Ces représentations extrêmement personnelles de la Déesse sont toutes conformes à la vérité. Celles-ci, de même que plusieurs autres, sont acceptées par les wiccas.

Certaines conceptions wiccas sont parfois plus proches des concepts que se forment d'autres cultures : « Je me représente la Déesse sous les traits d'Athéna, divinité chasseresse. » « Je vois la Déesse sous les traits de la grand-mère araignée. » « Sous les traits de Diane. » « Isis. » « Hécate. » (On trouve des photos de statues ainsi que d'autres représentations de la Déesse dans une quantité d'ouvrages ; voir la liste des ouvrages recommandés à la fin du présent chapitre.)

Encore une fois, il vous suffira peut-être de sentir sa présence. Si vous vous êtes déjà formé une image de la Déesse (ou, en d'autres mots, si elle vous a déjà révélé sa forme visible), c'est bien. Sinon, il est possible que vous souhaitiez découvrir son visage par le travail rituel, la prière et peut-être le rêve.

Un simple conseil : si vous vous êtes déjà formé une image précise de la Déesse et avez défini ses différents aspects, ne permettez pas que les informations ci-dessus viennent changer cette perception. Soyez fidèle à ce que vous avez découvert ; c'est extrêmement rare et précieux.

Le symbolisme divin fait partie de votre conception personnelle de la Déesse. Celui-ci englobe les symboles utilisés dans le culte de la Déesse ainsi que ceux qui lui sont directement ou indirectement associés.

Ce symbolisme est en partie déterminé par votre perception de la Déesse. Lorsque cette dernière est avant tout associée à la lune, les symboles de la terre ne seront pas représentatifs. Voici des suggestions de symboles des différents types de déesses présentées plus haut, à utiliser dans la conception des rituels, des poèmes, des chants et des invocations :

❖ Déesse de l'espace intersidéral. (Noirceur; étoffe noire; étoiles; la nuit; le vide; le chaudron; les fleurs nocturnes et les hiboux.)

❖ Déesse de la lune. (Croissants; perles; pierres de lune; miroir; argent; bipenne.)

❖ Déesse de la terre. (Fruits; plantes, en particulier les céréales; la fertilité de la nature; les poupées de paille; les animaux de la Déesse tels les chats, dauphins, lions, chevaux, chiens et abeilles; l'eau pure; un coquillage ramassé sur la plage; coupes et calices; chaudrons; émeraudes.)

❖ Déesse de la fraîcheur, du renouveau, des commencements, des promesses et des potentialités. (Friches; œufs; printemps; nouvelle lune.)

❖ Déesse de l'enfantement, des mères et de la maternité. (Pleine lune; pierres trouées; objets de forme ronde ou ovale; un bébé.)

❖ Déesse de l'amour, de la beauté, de la compassion. (Miroirs; cœurs; fleurs; miel.)

❖ Déesse de la guérison. (Eaux lustrales; mains au pouvoir magnétique.)

❖ Déesse de la prophétie. (Cristal de quartz; perception extra-sensorielle; cavernes; nudité; flaques d'eau.)

❖ Déesse de la magie. (Tous les outils magiques; épée; fuseau; feu; chaudron.)

❖ Déesse de la sagesse. (Feu; livres; hiboux; lune décroissante.)

❖ Déesse de la destruction, du châtiment, de la guerre. (À déconseiller.)

N'oubliez pas que ces symboles ne serviront peut-être pas au cours du rituel, toutefois ils peuvent être employés lors de la rédaction des invocations rituelles. Il suffit de mentionner ces outils pour que votre invocation soit directement et immédiatement transmise à la Déesse.

Il existe plusieurs autres symboles et outils associés à la Déesse en général et à ses aspects particuliers.

## LE DIEU

Le Dieu occupe une place égale dans le cœur de la plupart des wiccas, car sans lui notre monde serait glacé, aride et inhabité. Bien que chez la majorité des wiccas, le Dieu ne suscite pas une réaction affective aussi prononcée que la Déesse, il ne fait aucun doute que ceux-ci l'invoquent aux heures difficiles (en particulier pour obtenir sa protection.) Voici certains attributs prêtés au Dieu dans la pensée wicca.

❖ Dieu du soleil.

❖ Dieu de la fertilité humaine (et, par conséquent, de la sexualité).

❖ Dieu de la terre.
  Dieu des animaux sauvages.
  Dieu des récoltes.
  Dieu des déserts, des plaines et des vallées.

❖ Dieu de l'été.

❖ Dieu de la chasse.

❖  Dieu de la mort et de la renaissance.

❖  Dieu du châtiment, de la guerre et des conflits.

Cette liste résume assez bien les principaux aspects du Dieu dans la pensée wicca. Les attributs du Dieu sont tout simplement inférieurs en nombre à ceux que la Wicca reconnaît à la Déesse. Le Dieu a certainement plusieurs autres visages (par exemple, le Dieu de l'invention; le Dieu arbitre, etc.) qui n'ont pas été retenus par les wiccas. Il en est résulté une insuffisance de matériel mythique en ce qui concerne le Dieu.

Certains auteurs récents ont tenté de combler ces lacunes par des rituels et des mythes associés au Chêne Roi et au Lierre Roi. Ce concept est aujourd'hui assez répandu, du moins dans les rituels publics et chez certains pratiquants individuels de la Wicca. Toutefois, mes connaissances sur le sujet sont limitées et j'invite les lecteurs intéressés à consulter l'ouvrage des Farrar qui s'y rapporte (voir la liste des ouvrages).

Parlons ici en toute franchise. La Déesse semble plus aimante, plus compréhensive et attentionnée que le Dieu. Bien que ce ne soit nullement sa faute, le Dieu peut sembler inabordable, hormis dans le rituel wicca, et même alors il faut recourir aux prières formelles. Il s'agit d'une réaction tout à fait humaine, même chez les wiccas, qui explique aisément l'insuffisance de matériel se rapportant au Dieu.

L'une des causes sous-jacentes à ce problème paraît évidente. Plusieurs néophytes wiccas ont de la difficulté à aller vers le Dieu. Depuis leur enfance, on leur a enseigné à croire à l'existence d'un seul Dieu. Ce Dieu jaloux et colérique nous promet que nous nous retrouverons tous après notre mort dans un lieu de souffrance et de ténèbres. À un âge où ils étaient particulièrement impressionnables, plusieurs enfants ont été profondément marqués par les descriptions de la colère divine et, pour certains d'entre eux qui sont à présent des adultes abordant la Wicca, il peut s'avérer difficile de déraciner ces représentations de la déité masculine.

D'ailleurs, certaines féministes souhaitent uniquement vénérer la Déesse. Pour être franc, plusieurs d'entre elles en ont eu assez des figures spirituelles masculines et elles n'ont aucunement envie de s'harmoniser avec ces dernières dans leur pratique de la Wicca. Elles trouvent pleinement satisfaisant de rendre un culte à la Déesse et, hormis lorsqu'elles s'efforcent de transformer des rituels conçus pour la Déesse et le Dieu en des rites strictement adressés à la Déesse, elles ne rencontrent aucune difficulté à honorer la Déesse seule dans les rites wiccas.

Le Dieu s'est acquis une mauvaise réputation à la suite des deux mille ans d'un patriarcat outrancier qui s'est considérablement écarté de la voie que Jésus aurait jadis enseignée. Les institutions religieuses ont transformé le concept masculin de la déité en un être colérique, dont les fidèles ont exterminé des civilisations entières et balayé des centaines de cultures ; un Dieu au nom duquel des millions de personnes ont péri au cours de guerres saintes ; un Dieu dont les représentants ont affirmé maintes et maintes fois que la déité n'est pas féminine et que les femmes ne peuvent absolument pas établir un rapport avec le divin qui irait jusqu'à leur permettre l'accession à la prêtrise ; une déité masculine régnant sur un monde conçu pour les hommes où la religion est le prétexte invoqué pour dominer, soumettre et maltraiter les femmes.

Au cours de cette longue et amère période, d'une violence injustifiable, de la courte histoire de notre espèce, une image négative et effrayante a été accolée à la déité masculine. Nous ne connaissons que le dieu de la vengeance et de la guerre. Certes, ce dieu est aimable envers ses fidèles, mais celui ou celle qui ne lui rend pas un culte ou qui vénère d'autres dieux est condamné à passer l'éternité dans un enfer de feu et de supplices sans pouvoir espérer fuir ou recommencer une autre vie.

Il ne faut donc pas s'étonner que le concept du Dieu provoque un certain malaise chez plusieurs nouveaux wiccas, du moins à leurs premières incursions dans la Wicca. Cela peut s'avérer particulièrement difficile pour les femmes. Bien qu'elles puissent être surprises et ravies d'avoir découvert une religion qui s'étend à toutes les femmes, reconnaît leur pouvoir intérieur et leur force spirituelle et leur accorde de participer en tant qu'officiantes des rituels, une religion qui – chose incroyable – vénère réellement une Déesse, il est possible qu'elles ne parviennent pas à intégrer le Dieu à leurs rites. Lorsque l'on a une vision négative de Dieu depuis vingt, trente ou quarante ans, on peut difficilement s'en détacher.

Certains wiccas finissent par s'adapter et ne voient aucun obstacle à vénérer la Déesse et le Dieu dans le rituel wicca. D'autres font le choix de vénérer uniquement la Déesse. (Il s'agit d'une décision personnelle, mais permettez-moi d'énoncer de nouveau le principe directeur : la Wicca consiste à vouer un culte à la Déesse *et* au Dieu.)

L'expérience m'a montré que ceux qui abordent la Wicca sans avoir jamais véritablement professé ou pratiqué quelque autre religion n'ont aucun problème à inclure le Dieu dans leurs rites. Il en va de même pour de nombreuses personnes formées dans les religions traditionnelles pour qui le concept du Dieu ne semble soulever aucune difficulté.

Vous devez honorer les deux déités pour célébrer des rites à la manière d'autrefois, dans l'esprit de la Wicca traditionnelle. Cela peut exiger que vous ouvriez votre conscience à la présence et aux attributs du Dieu afin de le redécouvrir. Voici quelques idées.

Le Dieu vous apparaît-il comme un misogyne ? Voyez-le plutôt sous les traits d'un être que la Déesse a porté entre ses bras. Pensez aux milliers de prêtresses qui le vénèrent quotidiennement. Invoquez-le afin qu'il apporte son appui à la défense des droits des femmes. Demandez-vous comment le concept d'un Dieu haïssant ses enfants pourrait-il être fondé ?

Le Dieu vous apparaît-il comme celui qui donne la mort ? N'oubliez pas que la mort est une étape nécessaire et que la Déesse nous fait renaître.

Le Dieu est-il à vos yeux celui qui apporte la guerre ? Songez que les hommes ont tout simplement exploité son aspect sombre à des fins guerrières. N'oubliez pas cependant que la guerre est rarement de nature religieuse : elle a pour mobiles principaux, la politique et l'argent. La religion n'est souvent qu'un prétexte.

Voyez-vous le Dieu comme un juge, comme celui qui précipite les âmes humaines dans le feu de l'enfer ? Les wiccas ne croient pas à l'existence de l'enfer ; personne ne nous jettera en un lieu quelconque et le Dieu nous porte un amour inconditionnel.

Imaginez-vous le Dieu comme un esprit inconnaissable et terrible rôdant autour de la terre ? Reconnaissez-le plutôt sous les traits de vos amis masculins, dans les yeux des jeunes garçons. Voyez-le dans le pain sortant du four, les grappes de raisins, les sommets coiffés de neiges éternelles, le soleil qui réchauffe la terre et nous fournit la nourriture de même que tous les outils nécessaires à notre existence.

J'espère que ces idées serviront à ceux pour qui il est difficile de prendre contact avec le Dieu. C'est un problème majeur et aussi l'une des raisons pour lesquelles le culte de la Déesse est si répandu de nos jours ; au fil des siècles, les humains ont transformé un dieu de fertilité bienveillant en un monstre assoiffé de sang. Effacez ces images de votre esprit et concentrez-vous sur les autres aspects du Dieu.

D'autre part, il est possible que vous ayez vu le Dieu, dans une vision, un rêve ou au cours d'une méditation. Il a pu vous apparaître au milieu de la fumée d'encens pendant un rituel. Sinon, il peut encore se manifester à vous sous une forme visible.

Voici comment certains wiccas se représentent le Dieu :

« Il se tient debout sur une colline, la peau de son corps nu tannée par le soleil. Il a une longue chevelure noire, son menton et ses joues n'ont jamais été touchés par le rasoir. Dans sa main, un couteau d'or miroite au soleil ; des céréales et des légumes sont entassés à ses pieds. »

« Vêtu d'une tunique brune toute simple, Il tient un bébé d'une main et la main d'une femme âgée de l'autre. Des fleurs séchées – symbolisant la fertilité et la cessation de celle-ci – sont entremêlées à sa barbe. Il se tient debout dans le demi-jour. »

« Le Dieu porte des fourrures, mais il a les pieds nus. Je l'aperçois entre les arbres d'une forêt ; il porte une coiffure avec des cornes et un sanglier marche sur ses pas. Il a passé un arc à son épaule et tient un javelot dans sa main. L'expression belliqueuse de son visage est tempérée par la sollicitude de son regard. »

Par ailleurs, certains empruntent leurs représentations du Dieu au domaine culturel : « Je le vois sous les traits de Pan. » « Le Dieu m'apparaît sous l'aspect du Grand-père. » « Sous les traits de Belinus. » « Osiris. » « Apollon. »

Les wiccas utilisent certains symboles pour représenter le Dieu, lorsqu'ils créent leurs poèmes et leurs rituels. Comme nous pouvons l'imaginer, ils sont moins nombreux que ceux de la Déesse.

❖ Dieu du soleil. (Soleil ; or ; cuivre ; feux de joie ; chandelles.)

❖ Dieu de la fécondité humaine. (Glands ; cônes de pin ; bâtons.)

❖ Dieu de la terre. (Céréales ; pierres ; vallées ; semences ; forêts ; taureau ; serpent ; poisson ; loup ; aigle ; lézard.)

❖ Dieu de l'été. (Brasiers ; lumière du jour ; le sud.)

❖ Dieu de la chasse. (Cornes ; lances ; carquois ; flèches.)

❖ Dieu de la mort et de la renaissance. (Coucher du soleil ; hiver ; grenades ; feuilles séchées ; faucille ; nuit ; l'ouest.)

❖ Dieu du châtiment, de la guerre et des conflits. (Il est préférable de ne pas invoquer cet aspect.)

N'oubliez pas que le Dieu tient une place aussi importante que la Déesse dans le paganisme contemporain. Le Dieu n'est pas menaçant, sauf si vous choisissez de vous concentrer sur ses aspects redoutables. (Cela s'applique également à la Déesse.) Il peut incarner la compassion, l'aspect protecteur et nourricier de la masculinité, mais il vous appartient de le découvrir.

## NOTE

Je ne peux m'empêcher de penser que certains d'entre vous ne se sentent peut-être pas en cause lorsque je parle de voir la Déesse et le Dieu. Ne vous en faites pas. Par le terme « voir », je ne veux pas dire lever les yeux et constater que la Déesse est présente physiquement dans la pièce, juste devant nous, alors que nous sommes pleinement éveillés. Les visites de ce genre sont si rares qu'il est superflu de les attendre.

Lorsque nous sommes dans un état de conscience modifié, nos chances de voir la Déesse et le Dieu s'améliorent. Il y a une forte probabilité pour que nous les voyions dans le cercle quand nous accédons à la conscience rituelle. Comme je l'ai dit précédemment, nous pouvons aussi les apercevoir en rêve ou pendant nos méditations.

La première fois que j'ai vu la Déesse, j'étais assis devant l'autel à l'intérieur du cercle, occupé à méditer sur elle. Même si cela arrive parfois, il ne faut pas vous attendre à voir physiquement les formes extérieures de la Déesse et du Dieu. Vous devez comprendre également qu'ils vous apparaîtront peut-être sous un aspect très différent de celui qu'ils présentent à autrui.

## OUVRAGES RECOMMANDÉS

### *LA DÉESSE :*

Le nombre d'ouvrages sur la Déesse est tout simplement trop élevé pour en dresser la liste, et de nouveaux titres paraissent tous les jours. Plusieurs de ces nouvelles parutions ne sont pas à proprement parler des ouvrages wiccas. J'ai cherché avant toute chose à limiter mon choix aux œuvres de la littérature wicca portant sur la Déesse (ou à celles qui ont profondément influencé la pensée wicca.) On trouvera une quantité d'autres titres en consultant la section des études sur les femmes dans presque toutes les librairies offrant des livres neufs.

Farrar, J. et Farrar, S. *The Witches'Goddess*. (Le livre en entier.)

Graves, R. *The White Goddess*. (Le livre tout entier. Il renferme des méditations, des poèmes et des données mythologiques sur la Déesse qui ont eu énormément d'influence sur la Wicca contemporaine.) [En français : *Les Mythes celtes : la Déesse blanche*].

Neumann, E. *The Great Mother : An Analysis of the Archetype*. (Le livre entier. Approche jungienne du thème de la Déesse, incluant une foule de photographies de représentations de la Déesse.)

Walker, B. *The Women's Encyclopedia of Myths and Secrets*. (Bien que plusieurs sources de l'auteur soient fort douteuses, cette étude générale sur les femmes et les déesses s'avère intéressante.)

## LE DIEU:

Cunningham, S. *La Wicca, magie blanche et art de vivre*, (p. 31-32).

Farrar, J. et Farrar, S. *Eigth Sabbats for Witches*. (On trouvera dans cet ouvrage des informations éparses sur le Chêne Roi et le Houx Roi.)

Farrar, J. et Farrar, S. *The Witches'God*. (Le livre en entier. Les pages 35 à 38 renferment des informations sur le Chêne Roi et le Houx Roi.)

Starhawk. *The Spiral Dance*. (Les pages 93 à 107 proposent une vision du Dieu teintée de féminisme.)

# 15

# Les outils, l'autel
# et la tenue rituelle

## LES OUTILS

L es traditions wiccas utilisent pour la plupart les mêmes outils, même si on compte quelques instruments supplémentaires chez certains groupes. Puisque les outils sont pratiquement indispensables à la célébration du rituel wicca, vous n'aurez pas à consacrer des heures au choix des instruments qui feront partie de votre tradition. Cependant, vous pouvez choisir leur forme, leur symbolisme ainsi que l'usage que vous en ferez dans les rituels.

Passons en revue les principaux outils de la Wicca :

❖ *Images de la Déesse et du Dieu.* Dans plusieurs traditions, celles-ci sont disposées sur l'autel. Il existe de nombreux types d'images. Certains se contentent d'utiliser des chandelles ; d'autres font appel à des objets naturels pour représenter la Déesse et le Dieu. Certains wiccas utilisent des figurines fabriquées à la main ou des dessins. On trouve, sur le marché, de l'argile qui durcit à la chaleur d'un four conventionnel. Vous pouvez vous en servir pour créer vos représentations personnelles de la Déesse et du Dieu (les ouvrages sur l'archéologie constituent une excellente source de modèles.)

❖ *Le Livre des Ombres.* Ce document manuscrit rapporte l'essentiel de toute tradition wicca : les rites, les règles, les procédés magiques et plusieurs autres informations. (Voir le chapitre 21.)

❖ *L'athamé* (le couteau à manche noir). Il sert à diriger l'énergie lors de la création du cercle magique.

❖ *L'encensoir.* On y brûle l'encens ou les herbes afin de purifier l'espace rituel et de solliciter la présence de la Déesse et du Dieu. (On emploie également une boîte, un bol ou une bouteille de petite dimension pour conserver l'encens non utilisé.)

❖ *La coupe (ou le calice).* Celle-ci contient le vin, l'eau ou tout autre liquide qui sera utilisé au cours du rituel.

❖ *Le couteau à manche blanc.* D'emploi courant, on l'utilise pour couper, soit à l'intérieur du cercle, soit à l'intérieur et à l'extérieur de celui-ci.

❖ *Le sel.* On s'en sert habituellement pour la projection du cercle, la consécration des outils et divers autres usages.

❖ *L'eau.* Pour la purification du cercle.

❖ *Le pentacle.* Il s'agit d'un disque aplati ou d'un dessous-de-plat, tout au moins du symbole de l'étoile à cinq branches.

❖ *Le bâton.* Un outil traditionnel servant généralement à la mobilisation du pouvoir ou lorsque l'on invoque la présence de certains êtres à l'intérieur du cercle.

Si je dresse ici la liste des outils, c'est qu'ils font partie inté-grante de la Wicca et que toutes les traditions wiccas devraient utiliser la majorité, si ce n'est l'ensemble de ceux-ci. Pour quelle raison ? Parce que les outils sont au nombre des éléments extérieurs de la Wicca par lesquels nous exprimons le caractère de notre religion. Si vous avez créé une tradition qui ne fait jamais appel à ces outils, ce n'est probablement pas une tradi-tion wicca. Il convient donc de les utiliser, à moins que vous ne décidiez d'inventer vos propres outils.

Vous pouvez inclure dans votre tradition wicca des outils dont l'usage est moins répandu, si vous trouvez bon de le faire.

❖ *Le chaudron.* Les chaudrons, employés comme symboles de la Déesse par certains wiccas, peuvent devenir l'élé-ment central des rites religieux. On allume parfois des feux à l'intérieur de ceux-ci.

❖ *La cloche.* On peut sonner la cloche à des moments pré-cis au cours du rituel.

❖ *Le balai.* Avant de célébrer un rituel, mon premier instructeur purifiait toujours l'espace rituel avec son balai.

❖ *Les cordes.* Les cordes revêtent une importance spéciale au sein des groupes initiatiques, où elles symbolisent souvent les liens d'affection et de responsabilité existant entre les membres ; elles sont également utilisées dans certains rites initiatiques. Bien sûr, les cordes peuvent être employées par le pratiquant individuel de la Wicca, mais il n'est pas nécessaire de les laisser constamment sur l'autel. Les cordes sont l'outil typique des travaux des covens.

❖ *La nappe d'autel.* Certaines traditions wiccas prescrivent de disposer sur l'autel une nappe d'une couleur spécifique. Ces nappes peuvent être ornées de broderies ou de peintures à motifs particuliers (tels que les pentagrammes). Toutefois, bon nombre de traditions ne les utilisent pas. (Mon premier instructeur disposait généralement une nappe de couleur blanche sur l'autel à l'occasion de la pleine lune. En toute franchise, je n'arrive pas à me rappeler si nous utilisions des nappes pour les sabbats [après tout, cela se passait il y a vingt et un ans].)

La liste de ces outils peut s'allonger : bouteilles d'huiles rituelles, éteignoirs, cuillères à encens et épées viennent immédiatement à l'esprit. De temps à autre, d'autres objets sont disposés sur l'autel avec les outils : des fleurs ou des légumes verts de la saison ; des dessins, des runes ou des photographies destinés à des pratiques magiques.

Vous devez toujours vous fier à votre expérience personnelle pour choisir les outils dont vous vous servirez dans votre nouvelle tradition. Peut-être avez-vous lu à un endroit que l'athamé doit posséder deux tranchants et à un autre, qu'il doit en avoir un seul. Certains ouvrages disent que l'athamé doit avoir une lame bien aiguisée alors que d'autres affirment le contraire. Il vous appartient de déterminer ce qui vous convient le mieux. Faites votre choix et restez-lui fidèle.

Rédigez vos choix, d'abord au brouillon et finalement dans votre Livre des Ombres (voir le chapitre 21). Vous pouvez très bien écrire dans votre Livre des Ombres, « L'athamé – un couteau à deux tranchants et à manche noir servant à diriger le pouvoir. Il n'a pas besoin d'être parfaitement tranchant. » Ceci deviendra alors un élément de votre tradition.

## L'AUTEL

L'autel revêt une importance primordiale en tant que centre physique de vos observances religieuses. Il existe des théories variées en ce qui concerne le symbolisme et la disposition exacte des outils sur l'autel. Toutefois, on conteste rarement que l'autel soit nécessaire. Encore une fois, l'autel ne fait pas le wicca, mais son emploi constitue l'un des points de référence de la pratique de la Wicca.

Peu importe à quel point nous pouvons apprécier les rituels spontanés célébrés au clair de lune au milieu de la forêt, au coucher du soleil en plein désert, ou étendu sur l'herbe d'un pré verdoyant, le rituel formel constitue un élément fondamental de la tradition séculaire de la Wicca et celui-ci est (généralement) célébré sur un autel.

Plusieurs ouvrages présentent des arrangements et des modèles d'autels dont vous pourrez vous inspirer pour créer les vôtres. Puisque la majorité des traditions wiccas adoptent un arrangement d'autel particulier, votre tradition peut faire de même. Voici quelques notions de base :

❖   Voici qui résume assez bien les opinions wiccas sur la forme qui convient à l'autel : l'autel est toujours circulaire ; l'autel est toujours de forme carrée ; l'autel est toujours rectangulaire ; l'autel peut avoir différentes formes. Plusieurs choisissent d'utiliser l'autel circulaire pour en faire un symbole, notamment de la Déesse. À vous de choisir.

❖   L'image, ou le symbole, de la Déesse peut être placée du côté gauche de l'autel devant lequel vous vous tenez et l'image du Dieu, du côté droit.

❖   Les outils associés à la Déesse (le calice, les cloches, les sistres, les balais, les chaudrons) sont souvent disposés du côté gauche de l'autel et ceux associés au Dieu (les épées, les bâtons, le couteau à manche blanc, le plateau de sel, l'encensoir) du côté droit. D'autres outils peuvent être disposés au centre : le pentacle, l'encensoir, les fleurs ou les légumes verts fraîchement cueillis.

❖    Il existe une méthode complètement différente de disposer l'autel qui tient compte des éléments naturels. Les outils correspondant à la terre (pentacle et sel) sont disposés au nord; à l'est, l'encensoir et l'encens représentent l'air; une chandelle de couleur rouge est placée au sud, alors que le bol d'eau, le calice, le chaudron, la cloche et autres instruments sont placés à l'ouest. (Cette méthode et celle décrite plus haut ne peuvent être employées simultanément; aucune n'est supérieure à l'autre.)

❖    Les chandelles sont généralement disposées là où il est difficile de les renverser, par exemple, vers l'arrière de l'autel.

❖    Laissez un espace libre sur l'autel pour y déposer votre Livre des Ombres ouvert. Sinon, fabriquez ou dénichez un support sur lequel vous déposerez le Livre durant les rituels. Même si normalement nous devrions mémoriser nos rituels, nous pouvons tous avoir des absences et il est commode d'avoir un aide-mémoire sous la main.

❖    L'autel est sacré. Non pas que la Déesse et le Dieu se trouvent à l'intérieur de celui-ci, mais parce que nous utilisons l'autel et les outils qu'il supporte à des fins spirituelles. Par conséquent, on ne devrait trouver sur l'autel que les objets directement associés à la Wicca ou aux rites magiques accomplis à l'intérieur du cercle.

❖    Après une célébration rituelle, si l'autel est employé à d'autres fins (peut-être comme table basse), il cesse alors d'être un autel. Cette table ne devient un autel que si elle est couverte des outils de notre religion et sert d'élément central dans les rituels.


En vous inspirant de ces considérations générales et en examinant les arrangements d'autels proposés en exemple dans d'autres ouvrages sur la Wicca, vous devriez être en mesure de trouver une disposition appropriée à votre tradition personnelle. Incluez un croquis ou un schéma de la disposition de votre autel dans votre Livre des Ombres.

Il importe que vous sachiez pourquoi vous choisissez cet arrangement particulier. Si vous choisissez de placer l'athamé juste devant une image de la Déesse, pointe tournée vers le symbole, vous devez savoir pourquoi vous avez pris cette décision.

## LES ROBES CÉRÉMONIELLES

De nombreux wiccas revêtent des robes spécialement confectionnées pour le culte. D'ordinaire, les vêtements de ce genre sont réservés à la pratique rituelle; ils peuvent être très dépouillés ou ornés de symboles ou de broderies.

Certains pratiquent la Wicca dans la nudité. Il s'agit d'un choix personnel. Bien que la robe cérémonielle puisse sembler superflue pour le wicca solitaire qui pratique nu, il est toujours bon d'avoir une robe en réserve au cas où vous changeriez d'idée ou seriez invité à participer à un rituel où la robe est exigée. Ce sont des choses qui arrivent.

On trouvera des patrons de robes dans la majorité des boutiques vendant des tissus au mètre. Si vous confectionnez votre propre robe, choisissez un tissu de fibres naturelles. Le polyester et les autres fibres synthétiques vous donneront une sensation de chaleur et d'inconfort à l'intérieur du cercle et ne vous aideront sûrement pas à établir des rapports avec les déités de la nature.

Plusieurs boutiques d'occultisme et entreprises de vente par correspondance offrent également des robes cérémonielles.

## LES BIJOUX RITUELS

Quand je parle de bijoux rituels, j'exclus les bagues et les colliers portés quotidiennement, et cela, même s'ils représentent la Déesse ou le Dieu. Cette expression s'applique strictement aux bijoux portés à l'intérieur du cercle, à des fins rituelles.

Plusieurs traditions wiccas estiment que le collier constitue l'ornement idéal pour la femme, car il est à la fois un symbole de la Déesse et de la réincarnation. Quelques traditions ne sont pas loin d'exiger le port du collier aux femmes qui se trouvent à l'intérieur du cercle.

D'autres traditions peuvent utiliser les bagues et les bracelets (ordinairement des bracelets plats marqués de runes ou de symboles) lors du rituel. En règle générale, la célèbre jarretière n'est portée que par les grandes prêtresses de certaines traditions.

Vous pouvez tout simplement porter les bijoux de votre choix à l'intérieur du cercle. L'autre solution consiste à mettre un bijou particulier que vous dédiez expressément à votre tradition personnelle ou même à mentionner dans le Livre des Ombres que le port d'un bijou spécifique (par exemple, une bague sertie d'une pierre de lune) est requis en toute occasion à l'intérieur du cercle.

Si vous êtes expert dans l'art de fabriquer des bijoux, pourquoi ne pas créer une pièce originale : un collier de perles, une bague ou un pendentif réalisé par la technique de moulage à cire perdue.

N'oubliez pas que le bijou rituel ne doit pas être porté à l'extérieur du cercle. Lorsque cela se produit, il perd ses propriétés spéciales et ne sert plus d'intermédiaire rituel. Il existe d'autres bijoux pour toutes les heures de la journée, mais si vous décidez d'employer les bijoux rituels, réservez-les pour le cercle.

# 16

## La conception des rituels – Première partie

Puisque les rituels tiendront certainement une place importante dans votre nouvelle tradition, nous insisterons longuement sur leur création. Si l'on fait exception des circonstances exceptionnelles (les cas d'urgence), ou des rites célébrés en toute spontanéité, tous les rituels wiccas devraient inclure les étapes suivantes :

- ❖ La purification personnelle

- ❖ La purification de l'espace

- ❖ La création de l'espace sacré (y compris l'autel)

- ❖ L'invocation

- ❖ L'observance rituelle et la mobilisation de l'énergie

- ❖ La mise à la terre du pouvoir

- ❖ Les remerciements à la Déesse et au Dieu

- ❖ La fermeture du cercle

Comme vous le savez, il n'est certes pas nécessaire d'inclure l'observance rituelle dans chaque rituel wicca, pas plus d'ailleurs que la mobilisation de l'énergie (magique). Celles-ci doivent être accomplies lorsque les circonstances l'exigent. Toutefois, pour que les rituels de votre tradition soient authentiquement wiccas, ils doivent absolument comporter toutes les autres étapes.

Bien sûr, il vous appartient de déterminer de quelle façon vous satisferez à ces exigences. Voici la formule que le pratiquant individuel de la Wicca pourrait employer pour élaborer ses rituels de base (en s'assurant qu'ils puissent être modifiés selon l'occasion) :

❖ La purification personnelle (bain et/ou onction)

❖ La purification de l'espace (aspersion d'eau fraîche ou emploi du balai)

❖ La création d'un espace sacré (installation de l'autel; projection du cercle à l'aide de l'athamé; marche autour du cercle avec le sel, l'encensoir, la chandelle et l'eau)

❖ L'invocation (prière à la Déesse et au Dieu consistant en des invocations mémorisées ou improvisées)

❖ L'observance rituelle (célébration de rituels consignés dans le Livre des Ombres, lors d'un sabbat ou d'un esbat)

❖ La mobilisation de l'énergie (le wicca a choisi de renoncer à cette pratique lors des sabbats, mais il célèbre des rites magiques au moment de la pleine lune)

❖ La mise à la terre du pouvoir (ingestion de biscuits et de vin, de lait ou d'eau)

❖ Les remerciements à la Déesse et au Dieu (par une formule écrite ou spontanée)

❖ La fermeture du cercle (percer le cercle avec l'athamé, ramener l'énergie à l'intérieur du couteau, démonter l'autel)

Cette méthode satisfait aux exigences fondamentales du rituel wicca. Une fois que vous avez découvert votre propre façon de procéder, essayez de déterminer avec précision comment assembler ces éléments de façon à créer un rituel qui s'enchaîne bien.

## LES ESBATS

De façon générale, le rituel tenu à tout autre moment que les sabbats est un esbat. Les rituels de la pleine lune sont des esbats, mais il en existe bien d'autres. Les célébrations que certaines traditions tiennent à l'intérieur du cercle au moment de la nouvelle lune comptent aussi parmi les esbats.

Il existe plusieurs bonnes raisons pour respecter les esbats. Il se peut que vous souhaitiez vous entretenir avec la Déesse, et le cercle constitue l'endroit parfait pour le faire en toute tranquillité. Il est possible qu'un besoin pressant de recourir à la magie (comme la maladie d'un ami) exige que vous projetiez le cercle et y mobilisiez le pouvoir.

Et, comme une majorité de wiccas, il se peut que vous désiriez simplement vous replonger dans l'atmosphère sereine et supraterrestre du cercle. C'est aussi un motif valable.

Plusieurs esbats sont organisés à la dernière minute. Malgré tout, la plupart respectent le cadre rituel indiqué plus haut, à ceci près qu'ils n'incluent pas d'observances rituelles et peuvent comporter ou non des pratiques de magie. Autrement, il s'agit de la même chose.

Les rituels de la pleine lune présentent certaines particularités. Comme vous le savez, dans la Wicca contemporaine, les rituels de la pleine lune sont bien sûr célébrés lorsque la lune est pleine. Lorsque c'est impossible, on considère que les deux jours qui précèdent ou suivent la phase proprement dite sont suffisamment rapprochés dans le temps. Voici une structure qui pourrait convenir à la célébration d'un esbat de la pleine lune :

❖   Bain purificatoire.

❖   Fumigation de la pièce où sera célébré l'esbat avec un mélange d'encens de bois de santal et d'oliban brûlant sur du charbon pour encens.

❖   Préparation de l'autel avec les outils usuels. (Certains wiccas modifient légèrement la disposition de l'autel à l'occasion des esbats ; d'autres utilisent le même arrangement pour tous les rites. D'autres outils servent de lien entre cette occasion et la lune, dont les nappes d'autel, les objets en argent, les croissants de lune, la pierre de lune, les fleurs blanches et autres objets lunaires.)

❖   Projection du cercle. (En général, celle-ci ne diffère pas de la méthode employée dans les rituels des sabbats.)

❖   La Déesse (et habituellement le Dieu) sont invités à l'intérieur du cercle.

❖   Invocation de la Déesse par un hymne au style imagé qui salue sa présence et l'associe à la lune (même si nos prières ne *s'adressent* pas spécifiquement à la lune). Cette phase invocatoire peut consister alternativement en un cantique chanté ou exécuté avec un instrument de musique ; en une danse ; même en un ensemble de gestes typiquement lunaires.

❖ Certains wiccas font suivre cette invocation d'une méditation sur la lune ou sur une image de la Déesse (cette méditation peut toutefois être placée plus loin dans le rituel).

❖ Ensuite, après la méditation, ou en remplacement de cette dernière, il est possible de tirer avantage de la force accrue de la lune en pratiquant des activités magiques. (L'énergie ne nous est pas nécessairement fournie directement par la lune. Mais de même qu'elle agit sur les marées, la lune influe également sur les fluctuations de notre énergie corporelle. Le plein de la lune provoque une légère augmentation des réserves d'énergie de notre corps, renforçant ainsi d'autant l'efficacité des pratiques de magie accomplies au cours de cette phase. Il arrive que les femmes dont les menstruations coïncident avec la pleine lune voient leur pouvoir doubler ou tripler.)

❖ Après avoir mobilisé le pouvoir et l'avoir dirigé vers son but, plusieurs wiccas ont l'habitude de s'asseoir, de méditer, de prier ou simplement de se détendre.

❖ Ensuite, le wicca revient à la réalité concrète en mangeant les traditionnels biscuits en croissant* et en buvant du vin, du cidre de pomme, de la limonade ou du jus à petites gorgées.

❖ Enfin, après avoir remercié la Déesse et le Dieu d'avoir assisté aux différents rites, le cercle est effacé et les outils rangés en lieu sûr.

Il existe plusieurs moyens de personnaliser cette structure très générale pour que le rituel de la pleine lune soit adapté à vos désirs et vos besoins spirituels. Vous souhaiterez peut-être noter quelques idées en prévision de vos propres célébrations rituelles de la pleine lune.

---

\* Vous trouverez une excellente recette à la page 214 de *La Wicca, magie blanche et art de vivre.*

On peut trouver des invocations dans plusieurs ouvrages (voir la liste des lectures recommandées à la fin de ce chapitre), et vous êtes libre d'utiliser toutes celles qui vous inspirent. Cependant, pour la pleine lune, ne recourez qu'aux invocations s'adressant à la Déesse sous son aspect lunaire.

Il se peut également que vous désiriez composer vos propres invocations. Les meilleures sont rédigées en vers rimés ou dans une langue recherchée, au rythme berceur et fluide.

## LES SABBATS

Les sabbats sont bien différents. En prenant connaissance des rituels des sabbats déjà publiés, vous avez probablement constaté que l'on s'entend peu sur la signification des fêtes et sur les actes rituels appropriés. Des rites ont été fortement influencés par une culture spécifique; d'autres possèdent un caractère plus universel. Dans certains cas, les cycles rituels des sabbats sont étroitement liés aux légendes sacrées sur la Déesse et le Dieu propres à une tradition particulière; dans d'autres traditions, on relève peu d'informations de nature mythique dans les descriptions des sabbats.

Quoi qu'il en soit, la plupart des rituels sabbatiques qui ont été rendus publics sont conçus pour la pratique collective. Comme vous ne pouvez être simultanément à deux endroits à l'intérieur du cercle, il est difficile de mimer des scènes sur les saisons ou de vous donner vous-même la réplique sans vous sentir ridicule. Que faire alors? Vous pouvez rédiger vos propres rituels.

Vous devez tenir compte de ce qui suit :

L'ossature culturelle de la Wicca, obscurément façonnée par les civilisations des peuples britanniques et du Moyen-Orient, peut être mise à contribution dans le choix des thèmes sabbatiques (et c'est souvent le cas). Parmi ces thèmes, il faut mentionner : la naissance du Dieu (le soleil) à Yule; le rétablissement de la Déesse à l'Imbolc; l'arrivée du printemps (Ostara); l'union ou le mariage de la Déesse et du Dieu

(Beltane); l'arrivée de l'été (Litha); la première récolte (Lughnasadh); la dernière récolte (Mabon); la mort du Dieu (Samhain).

Il n'y a guère d'autre choix. Vous pouvez toujours inventer un récit mythique sur la Déesse et le Dieu (où interviennent les saisons, le soleil et la lune) en vous inspirant de la liste des symboles saisonniers les plus importants des fêtes des sabbats :

❖ *Yule* : renouveau et renaissance au cœur de l'hiver

❖ *Imbolc* : fête des chandelles (pour favoriser le retour du soleil)

❖ *Ostara* : début du printemps

❖ *Beltane* : retour et plénitude de la fertilité

❖ *Litha* : pouvoir intense, magique

❖ *Lughnasadh* : récolte et action de grâce

❖ *Mabon* : seconde récolte et mystères

❖ *Samhain* : fin de l'été ; hommage aux morts

Dans votre nouveau mythe, chacun des sabbats devrait avoir un lien quelconque avec les phénomènes astronomiques ou agricoles qui se produisent au même moment, dans le contexte de la tradition wicca. Ignorer ces manifestations correspondrait à nier le pouvoir spécial de cette nuit particulière (ou de ce jour spécial). Les observances rituelles n'auraient plus alors aucune raison d'être. En d'autres termes, ne vous éloignez pas trop de la voie. À vrai dire, il vaut mieux recourir au symbolisme traditionnel des sabbats et rédiger de nouveaux rituels qui célèbrent cet héritage.

La structure fondamentale des rites sabbatiques peut être divisée en deux parties : les paroles et les actes rituels. Dans presque tous les cas, les paroles se rapportent directement au sabbat. La Déesse est invoquée en tant que Dame de la Fertilité à Imbolc ; à Samhain, des adieux sont faits au Dieu. De plus, les wiccas verbalisent parfois les changements internes qui accompagnent les sabbats.

Lors de la création de votre tradition personnelle, vous déciderez peut-être d'utiliser certains extraits choisis de rituels sabbatiques déjà publiés, l'autre solution consistant à écrire vos propres textes. La seconde méthode est sans doute la meilleure, cependant les ouvrages publiés sur le sujet renferment des prières et des formules admirables et je ne vois aucune raison pour ne pas les intégrer à votre nouvelle tradition si vous êtes à l'aise de le faire et si les mots vous touchent. C'est ce qui compte vraiment.

Les actes rituels tiennent une place aussi importante que les paroles dans les sabbats. Voici quelques actes couramment posés lors de chacune de ces fêtes* :

❖ *Yule* : des feux sont allumés à l'intérieur des chaudrons ; il arrive que l'on marche à l'intérieur du cercle, des chandelles à la main ; les arbres verts ou en pot peuvent être célébrés en tant que symboles de l'incessante fertilité de la terre ; si un feu matériel est allumé à l'intérieur du cercle, on peut y brûler une bûche de Yule.

❖ *Imbolc* : on allume des chandelles et des flambeaux à l'intérieur du cercle que l'on tient à la main et que l'on promène autour de l'autel à un certain moment du rituel ; bénédiction et plantation rituelle des semences dans des pots à l'intérieur accompagnées de requêtes à la Déesse et au Dieu.

---

* Ces actes rituels fondamentaux ont été puisés dans plusieurs Livres des Ombres.

❖ *Ostara* : un feu est allumé dans le cercle, accompagné d'une formule de circonstance, pendant le rite – et non avant.

❖ *Beltane* : tressage de rubans (non la forme traditionnelle, mais une variante individuelle de la création et de la danse de l'arbre de mai) ; feu de joie ; son du cor.

❖ *Solstice d'été* : chaudron entouré d'une guirlande de fleurs (ou rempli d'eau et de fleurs fraîches) ; épée plongée dans le chaudron ; feu de joie ; herbes mises à sécher au-dessus du feu de joie.

❖ *Lughnasadh* : après avoir mangé du pain, une bouchée est jetée dans le feu ou utilisée à d'autres fins rituelles ; le blé peut être tressé pour créer des images ou des symboles de la Déesse.

❖ *Mabon* : célébration des fruits qui témoignent de l'amour de la Déesse et du Dieu ; dispersion rituelle des feuilles.

❖ *Samhain* : divination par le support de la fumée, de la flamme d'une chandelle ou un feu ; évocation des défunts ; après le rituel, on laisse de la nourriture dehors pour les défunts.

Vous pouvez également utiliser des symboles, des couleurs ou des outils adaptés à chacun des sabbats pour créer les rites de votre nouvelle tradition. Voici une liste partielle des couleurs et des symboles :

❖ *Yule* : Le vert et le rouge. Un symbole de la roue (il peut s'agir simplement d'une couronne, ou de fleurs, ou d'un objet en forme de couronne ; faites appel à votre imagination) ; les arbres à feuilles persistantes ; la bûche de Yule ; les arbres d'appartement.

❖ *Imbolc* : Le blanc, ou le vert et le blanc, ou le bleu. Un plat rempli de neige ; arbres à feuilles persistantes ; chandelles.

❖ *Ostara* : Le blanc. Une plante d'appartement ; chaudron ou feu de joie.

❖ *Beltane* : Le blanc. Fleurs fraîches ; chaudron rempli de fleurs. Les miroirs sont également de circonstance.

❖ *Litha* : Le blanc. Armoise commune. Miroirs pour capter les rayons du soleil (ou les flammes d'un feu).

❖ *Lughnasadh* : Le rouge et l'orangé. Poupées de paille ; pains de fantaisie ; céréales.

❖ *Mabon* : Le rouge et le brun. Cônes de pin ; glands ; blé ; feuilles sèches.

❖ *Samhain* : Le rouge ou le noir. Grenades ; citrouilles ; pommes.

Vous désirerez peut-être suivre le plan ci-dessous pour la création des rituels des sabbats de votre tradition individuelle.

❖ Inscrivez le nom de chacun des sabbats sur une feuille séparée.

❖ Notez quelques éléments sur le sens de chaque sabbat (voir la liste des lectures suggérées à la fin de ce chapitre).

❖ Déterminez lesquelles de ces influences ont une importance spéciale ; celles qui semblent se succéder naturellement d'un sabbat à l'autre.

❖ Commencez par la fête de Yule. Lisez tout ce que vous trouverez sur les rituels de ce sabbat. Laissez ensuite les livres ouverts aux pages appropriées et étudiez l'ensemble des rituels. Quels sont les thèmes communs? Quelles structures ou quels actes rituels appréciez-vous le plus? Ensuite, consultez les listes des actes rituels et des symboles rituels que j'ai dressées plus haut. Sur la feuille intitulée « Yule », inscrivez les structures, les actes et les symboles rituels de Yule qui vous intéressent le plus.

❖ Faites de même pour chacun des sabbats. Il faut comprendre que vous n'arriverez probablement pas à compléter l'exercice en une seule soirée.

❖ Découvrez, empruntez ou écrivez des textes pour chaque sabbat. N'hésitez pas à prendre tel quel ou à adapter des invocations déjà publiées – c'est une vieille coutume wicca. Si nécessaire, utilisez des pages supplémentaires. Procédez dans le même ordre pour tous les sabbats, en prenant soin de noter les mots que vous avez retenus pour chaque événement rituel. Ne vous pressez pas; ces mots pourraient très bien constituer l'âme de vos rites wiccas.

❖ En dernier lieu, combinez les éléments que vous avez réunis pour la fête de Yule en un rituel qui se tient. Mettez-le au propre en incluant les symboles, les couleurs (selon le cas, pour les nappes d'autel, les chandelles, etc.), les paroles et les actes rituels. Répétez l'opération pour les autres sabbats.

❖ Finalisez les rituels en ajoutant des éléments tels que « Projetez le cercle » ainsi que toute autre instruction que vous aurez laissée de côté.

❖ Copiez les rituels dans votre Livre des Ombres – soyez prêt à effectuer des corrections ou des modifications si vous trouvez bon de le faire.

❖ Enfin, mettez vos rituels à l'essai aux dates appropriées au cours de l'année suivante.

La création des rituels des différents sabbats représente une véritable gageure ; elle exige de la réflexion, de la recherche et du temps. Le résultat final, à savoir un ensemble de rituels utilisables dans la pratique, conçus spécifiquement pour répondre à vos besoins, vaut certainement que l'on fasse l'effort. La création de vos propres rites des sabbats constitue un merveilleux témoignage de votre attachement à la Wicca.

| SABBAT | SYMBOLISME | ACTES RITUELS | SYMBOLES |
|---|---|---|---|
| Yule | renouveau et renaissance hivernale | feux; marche des chandelles; bûche de Yule | rouge et vert; la roue; arbres verts et en pot; bûche de Yule |
| Imbolc | fête des chandelles | chandelles; bénédiction des semences; symbole de la roue sur l'autel | blanc, vert et blanc, ou bleu; plat de neige; arbres verts; chandelles |
| Ostara | début du printemps | feu allumé dans le cercle pendant le rite (non avant) | couleur blanche; plante verte; chaudron ou feu de joie |
| Beltane | retour de la fertilité | tressage de rubans; feu de joie; son du cor | couleur blanche; fleurs fraîches; chaudron rempli de fleurs; miroirs |
| Litha | pouvoir intense, magique | chaudron fleuri; épée dans l'eau du chaudron; feu de joie; séchage d'herbes | couleur blanche; armoise commune; miroir captant le soleil (ou une flamme) |
| Lughnasadh | récolte et action de grâces | bouchée de pain jetée dans le feu; symboles tressés avec de la paille | rouge et orange; poupées de paille; pain de fantaisie; céréales |
| Mabon | mystères et seconde récolte | hommage aux fruits; dispersion des feuilles | rouge et brun; cônes de pin; glands; blé; feuilles sèches |
| Samhain | fin de l'été; hommage aux morts | divination (fumée, flamme de chandelle, feu, miroir); évocation des morts; aliments laissés dehors après le rituel | rouge ou noir; grenades; citrouilles; pommes |

# NOTE

Ces instructions pour la conception de vos rituels des esbats et des sabbats permettent de créer des rituels intrinsèquement wiccas. En vous écartant de ces modèles traditionnels, vous pourriez toutefois vous retrouver en plein territoire non-wicca.

De même que le tissu d'un seul rouleau peut être coupé et cousu pour confectionner une grande variété d'articles allant des taies d'oreiller aux poupées et aux vêtements, ainsi peut-on donner de multiples formes aux rituels wiccas. Cependant, si vous voulez utiliser ce rouleau de tissu pour faire une chemise et que vous décidez de retrancher les manches, vous n'obtiendrez pas une chemise.

Il en va de même pour une nouvelle tradition wicca : elle exige d'être créée avec le plus grand soin, en suivant des règles établies... pour éviter de confectionner une chemise immettable. Bien que la structure de la Wicca soit assez flexible, elle possède certains éléments fixes qu'il importe de conserver si vous souhaitez continuer de pratiquer la Wicca.

Ces précisions ne visent pas à vous effrayer. La création d'une nouvelle tradition peut s'avérer difficile. Elle exige de la minutie et un peu imagination ou de créativité –, mais il convient de déployer cette pensée créatrice dans un cadre wicca.

Sinon, vous créerez tout simplement une religion de plus.

## OUVRAGES RECOMMANDÉS

*Consulter les ouvrages suivants pour des informations générales sur les esbats :*

Guiley, R. *The Encyclopedia of Witches and Witchcraft*, (p. 113-114).

Valiente, D. *An ABC of Witchcraft*, (p. 135-137).

*Consulter les ouvrages suivants pour des textes de rituels de la pleine lune et d'esbats :*

Buckland, R. *The Complete Book of Witchcraft*, (p. 61-62).

Buckland, R. *The Tree*, (p. 50-53).

Cunningham, S. *La Wicca, magie blanche et art de vivre*, (p. 179-181).

Slater, H. *A Book of Pagan Rituels*. (Le rite «*Pagan Ritual For General Use*» décrit aux pages 8-10 est par définition un esbat; les pages 55-57 renferment un rite païen de la pleine lune pour le pratiquant individuel. Notez cependant qu'il ne s'agit pas à proprement parler de rituels wiccas.)

Valiente, D. *Witchcraft For Tomorrow*, (p. 168-170).

*Consulter les ouvrages suivants pour des informations générales sur les sabbats :*

Burland, C. A. *Echoes of Magic*. (L'ouvrage tout entier est fort intéressant. Malheureusement, il est actuellement introuvable et n'a jamais été publié aux États-Unis. Vérifiez dans les bibliothèques – c'est là que j'ai découvert un exemplaire.)

Farrar, S. *What Witches Do*, (p. 95-107).

Farrar, J. et Farrar, S. *Eight Sabbats for Witches*, (p. 61-150).

Frazer, S. J. *The Golden Bough*, (p. 705-763). Gardez en mémoire qu'une grande partie de ce dont Frazer parle n'entre pas dans les pratiques de la Wicca. Néanmoins, ces écrits constituent un témoignage vivant de l'existence des anciennes fêtes du feu païennes qui ont fini par devenir de nos jours ce que nous appelons les sabbats. Cette section du livre est une lecture quasi indispensable pour tous les wiccas.) En français : *Le Rameau d'Or*, Paris, Laffont (Bouquins), en quatre volumes.

Guiley, R. *The Encyclopedia of Witches and Witchcraft*, (p. 288-290).

Valiente, D. *An ABC of Witchcraft*. (Voir l'article intitulé « Yule », p. 406-408).

*Voir les ouvrages suivants pour des descriptions de rituels :*

Buckland, R. *The Tree : The Complete Book of Saxon Witchcraft*. (Les pages 57-77 présentent les huit rituels des sabbats dans leur entier.)

Budapest, Z. *The Holy Book of Women's Mysteries*. (L'ouvrage ne tient pas compte du Dieu.)

Cunningham, S. *La Wicca, magie blanche et art de vivre*. Éditions du Roseau, Montréal, 1998. (Le livre qui complète le présent ouvrage inclut huit rituels pour la célébration individuelle des sabbats, aux pages 183-204.)

Farrar, J. et Farrar, S. *Eight Sabbats for Witches*, (p. 61-150).

Slater, H. (éditeur). *A Book of Pagan Rituals*. (Ouvrage destiné aux non-initiés. Les pages 23-42 renferment une description uniquement formelle de l'ensemble des célébrations rituelles wiccas des sabbats, appelées ici « Les huit fêtes du verger ». Les pages 58-79 proposent des rituels pour les pratiquants individuels, ce qui explique en partie la popularité de ce livre. Ce n'est pas à proprement parler un ouvrage wicca, mais cela s'en approche.)

Starhawk. *The Spiral Dance*. (Les pages 169-180 présentent l'ensemble des huit rites des sabbats.)

# 17

# La conception des rituels – Deuxième partie

Non, le sujet n'est pas épuisé, mais détendez-vous. Cette seconde partie se révélera bien plus facile que la rédaction de vos rituels des sabbats et des esbats. Elle consiste à définir la forme que vous donnerez à d'autres rites beaucoup moins complexes.

## LE CERCLE

Vous avez probablement déjà trouvé une méthode de projection du cercle qui vous convient. Sinon, il est temps de faire ce choix. Vous devriez déjà savoir quels outils utiliser et connaître leur mode d'emploi. Les lectures recommandées offrent de nombreux exemples.

On a tant écrit sur la projection du cercle que j'ai l'impression qu'il serait inutile ici de reformuler ce qui a été dit. C'est pourquoi je discuterai d'autres aspects dans les paragraphes suivants.

Au moment de choisir votre méthode de projection du cercle, vous déciderez peut-être d'adopter une technique présentée dans un livre ou de vous inspirer de celle-ci pour créer votre propre méthode. De toute façon, la projection du cercle demeure un rituel essentiel.

Voici l'analyse sommaire du processus généralement observé concernant le rituel de la projection du cercle :

❖ Purification de l'espace

❖ Préparation de l'autel

❖ Allumage des chandelles et de l'encens

❖ Consécration de l'eau

❖ Bénédiction du sel

❖ Création magique du cercle

❖ Dispersion du sel à l'intérieur du cercle. Marche à l'intérieur du cercle, d'abord avec l'encensoir fumant, puis avec une chandelle allumée. Aspersion d'eau dans le cercle. (Bien que ce procédé soit utilisé par de nombreux wiccas, je tiens à dire que ce n'est certainement pas la seule façon de projeter le cercle.)

En plus de connaître l'aspect pratique de la projection du cercle, vous devriez aussi être informé des processus qui ont lieu en vous au cours de la création du cercle (incluant la mobilisation et la libération de l'énergie, les visualisations et les modifications de la conscience.) Une fois que vous avez choisi une méthode particulière pour projeter le cercle, il convient de vous familiariser complètement avec celle-ci. Le mieux, c'est de pouvoir l'apprendre entièrement par cœur.

Le temps est également venu de définir le concept du cercle dans le contexte de votre tradition personnelle. Votre cercle est-il solide ? Pouvez-vous passer à travers, ou devez-vous découper une porte pour sortir de celui-ci ? Si c'est le cas, comment procédez-vous ? Les enfants et les animaux de compagnie qui se promènent à l'intérieur de votre cercle risquent-ils de l'endommager ? Lorsque cela se produit, faut-il recommencer la projection ?

Quelle fonction le cercle remplit-il ? Conserver l'énergie à l'intérieur ? Interdire l'accès à ce qui se trouve à l'extérieur ? Ou les deux ? Ou s'agit-il simplement d'un lieu que vous créez pour y rencontrer la Déesse et le Dieu ? Le cercle est-il indispensable à la célébration de chaque rituel, même des rites accomplis en plein air ? Et en cas d'imprévus ?

La clarification de ces différents points vous permettra de créer des cercles plus résistants, plus efficaces. Pourquoi ? Parce que vous connaîtrez votre cercle en long et en large, que vous n'aurez plus aucune incertitude sur sa fonction ou sur son utilité. (Vous aurez également à créer votre rite d'effacement du cercle. Consultez les ouvrages recommandés.)

## LA CONSÉCRATION DES OUTILS

De nombreuses traditions emploient un rituel spécifique pour la consécration des outils. Certaines traditions font appel aux quatre éléments (Terre, Air, Feu et Eau) au cours de tels rituels. D'autres recourent à la dispersion de sel béni et à l'aspersion d'eau consacrée. Il convient de créer, d'emprunter ou d'adapter une formule incantatoire qui résume avec justesse l'action rituelle. Les rites de ce genre sont ordinairement assez brefs et ils s'appuient beaucoup plus sur l'énergie de l'officiant que sur la structure rituelle elle-même.

## LES GÂTEAUX ET LE VIN

Les gâteaux et le vin (on utilise aussi l'expression « gâteaux et bière » et « la Petite fête ») est un « rite à l'intérieur d'un rite » qui assure la mise à la terre de l'énergie et nous met directement en rapport avec la Déesse et le Dieu, puisque nous consommons les aliments produits sur leur planète.

Ce rite très simple consiste à bénir les gâteaux (les biscuits) et le vin (le jus) par une courte prière adressée à la Déesse et au Dieu. L'acte rituel correspond à l'ingestion des aliments, dont une fraction peut être déposée sur l'autel ou placée dans un bol d'offrande pour être confiée à la terre ultérieurement. Encore une fois, il s'agit d'un rite simple.

Plusieurs wiccas remplacent les « gâteaux » par des biscuits qu'ils ont faits eux-mêmes. D'autres choisissent même des craquelins ou des biscuits achetés à l'épicerie. Plusieurs wiccas ne boivent pas de vin. Si vous en buvez, quel genre de vin convient le mieux au rite des gâteaux et du vin ? Sinon, quelle boisson de remplacement doit-on choisir ? Le jus de raisin ? Le jus de pomme ?

La rédaction de ces rituels n'est pas aussi compliquée qu'il peut le sembler, en particulier si vous empruntez à d'autres traditions. Ces rituels doivent nécessairement faire partie de chaque tradition wicca et ils devraient être mis au point en fonction de votre nouvelle tradition.

D'autres rites restent à créer ou à adapter si vous trouvez bon de le faire. Cs derniers ne sont pas indispensables à ce qui sera probablement une tradition wicca individuelle, mais vous souhaiterez peut-être les avoir sous la main et les transcrire dans votre Livre des Ombres – au cas où. (Voir la liste des ouvrages recommandés à la fin de ce chapitre pour des exemples.)

## L'UNION DES MAINS
## *(CÉRÉMONIE DE MARIAGE WICCA)*

Vous n'en avez peut-être pas besoin, mais vous ne devez pourtant pas écarter cette possibilité. Bien entendu, de pareilles cérémonies n'engagent pas juridiquement, à moins que le célébrant soit habilité à le faire dans l'État où résident les personnes. C'est un aspect qui peut avoir de l'importance, ou non.

# CÉRÉMONIE DE LA NAISSANCE

Certains l'appellent le « baptême wicca », mais je n'aime guère l'expression. Il se peut que vous ayez également des questions au sujet de ce rite : le nouveau-né est-il consacré à la Déesse et au Dieu ? Si oui, ne devrait-il pas être en droit de donner son avis ? Et, par conséquent, ce rite ne devrait-il pas être célébré à un âge ultérieur ? La question ne se pose pas s'il s'agit purement d'un rite de protection et de célébration, où l'enfant est présenté à la Déesse et au Dieu. Cela dépend de la façon dont votre rituel est conçu.

# CÉRÉMONIE FUNÈBRE

Le deuil n'est pas érigé en rituel par la collectivité wicca. La mort ouvre une porte que l'âme emprunte pour retourner au royaume de la Déesse. Le corps n'est simplement qu'un vêtement que nous portons et employons jusqu'à ce qu'il s'use ou que nous n'ayons plus besoin de leçons et d'occasions supplémentaires dans cette existence. Il faut s'occuper du corps, mais la mort (l'âme est immortelle), n'est pas, d'un point de vue traditionnel, une occasion pour ritualiser le chagrin. Comment pourrait-ce être le cas dans une religion qui accepte la réincarnation, qui envisage la mort physique comme l'une des multiples transitions dont l'âme humaine fera l'expérience ?

Bien sûr, les wiccas ressentent de la peine et plusieurs accomplissent des rites mineurs pour souligner la transition vécue par un être cher. Un petit nombre de ces rites ont été publiés. Si vous en sentez le besoin, vous pouvez rédiger le vôtre.

## RITUELS D'INITIATION ET D'AUTO-INITIATION

Enfin, il se peut que vous souhaitiez consigner votre cérémonie d'auto-initiation. Si vous envisagez d'enseigner un jour votre tradition wicca à d'autres personnes, vous pouvez même composer ou adapter une cérémonie d'initiation. Il n'est jamais trop tôt pour faire des projets.

## OUVRAGES RECOMMANDÉS

### *LA PROJECTION DU CERCLE :*

(La majorité des ouvrages suivants incluent à la fois la création et l'effacement du cercle.)

Buckland, R. *The Tree*. (P. 38-41; s'intitule ici « Érection du temple/Erecting the Temple » et « Effacement du temple/Clearing the Temple ».)

Cunningham, S. *La Wicca, magie blanche et art de vivre*, (p.168-175).

Farrar, S. *What Witches Do*, (p. 56-60).

Starhawk. *The Spiral Dance*, (p. 55-57).

Valiente, D. *Witchcraft For Tomorrow*, (p. 155-159).

### *LA CONSÉCRATION DES OUTILS :*

Cunningham, S. *La Wicca, magie blanche et art de vivre*.

Farrar, J. et Farrar, S. *The Witches' Way*, (p. 44-48).

Slater, H. *Pagan Rituals III*, (p. 59).

Valiente, D. *Witchcraft for Tomorrow*, (p. 164-166).

### *LES GÂTEAUX ET LE VIN :*

Buckland, R. *The Tree*. (P. 54-56; s'intitule ici « Gâteaux et bière/Cakes and Ales ».)

Buckland, R. *Buckland's Complete Book of Witchcraft*, (p. 63).

Cunningham, S. *La Wicca, magie blanche et art de vivre*. (P. 178; s'intitule ici « La Petite fête ».)

Farrar, J. et Farrar, S. *Eight Sabbats for Witches*, (p. 46).

Slater, H. *Pagan Rituals III*. (Les pages 69 et 70 incluent des formules de bénédiction pour les gâteaux et le vin.)

## L'UNION DES MAINS :

Buckland, R. *Buckland's Complete Book of Witchcraft*. (P. 97-99; l'ouvrage a la prévoyance d'inclure également un rite de désunion des mains.)

Buckland, R. *The Tree*. (P. 78-81; on trouve une cérémonie de « désunion des mains » aux pages 82-84.)

Farrar, J. et Farrar, S. *Eight Sabbats for Witches*, (p. 160-165).

## LES CÉLÉBRATIONS DE LA NAISSANCE :

Buckland, R. *Buckland's Complete Book of Witchcraft*, (p. 99-100).

Buckland, R. *The Tree : A Book of Saxon Witchcraft*, (p. 85-87).

Farrar, J. et Farrar, S. *Eight Sabbats for Witches*, (p. 153-159).

## LES CÉRÉMONIES FUNÈBRES :

Buckland, R. *The Tree*. (P. 88-90; s'intitule ici « La traversée du pont [au moment de la mort]»/*Crossing the Bridge [At Death]*.)

Buckland, R. *Buckland's Complete Book of Witchcraft*. (P. 100-101; porte le même titre que l'entrée précédente.)

Farrar, J. et Farrar, S. *Eight Sabbats for Witches*. (P. 163-173; s'intitule ici « Requiem ».)

## L'AUTO-INITIATION :

Farrar, J. et Farrar, S. *The Witches' Way*, (p. 244-250).

Valiente, D. *Witchcraft For Tomorrow*, (p. 159-164).

## *LES INITIATIONS :*

Buckland, R. *Buckland's Complete Book of Witchcraft*, (p. 46-49).

Farrar, J. et Farrar, S. *The Witches' Way*, (p. 9-20).

J'ai choisi d'inscrire les deux sources ci-dessus parce que ce sont les deux études les plus complètes qui aient été publiées sur le sujet, mais beaucoup d'autres ouvrages wiccas traitent de l'initiation et/ou proposent des textes de rituels. Bien entendu, tous sont conçus pour la pratique au sein des covens.

# 18

# Les croyances

« C royances » n'est pas le terme idéal, mais je n'avais réussi à trouver que « doctrines » et « concepts » et ni l'un ni l'autre ne sont satisfaisants. Puisque l'on imagine en général que la religion est édifiée sur un ensemble de croyances, il faudra se satisfaire de ce mot.

## LE CREDO DE LA WICCA TRADITIONNELLE

Outre les croyances sur les déités, les wiccas ont en commun quelques autres principes :

❖ La vénération de la Déesse et du Dieu. C'est l'élément principal de la pensée wicca.

❖ Les âmes humaines passent par une série d'incarnations sous la forme humaine. La réincarnation est l'une des croyances wiccas les plus répandues. Le mécanisme et les causes de nos incarnations répétées donnent matière à des spéculations d'ordre mystique. Peu de traditions wiccas comportent des enseignements spécifiques sur cette doctrine. Quelques-unes se contentent d'affirmer que nous nous réincarnons et retrouvons ceux que nous avons connus dans les existences antérieures. Certaines sont plus précises, alors que d'autres se contentent de propos vagues. Quelques traditions affirment que nous ne changeons pas de sexe d'une existence à l'autre ; pourtant, d'autres prétendent que nous choisissons le sexe approprié aux leçons que nous devrons dégager pour notre évolution personnelle. Il y a quelques divergences de vues.

❖   Le pouvoir peut être adressé à distance, sous une forme immatérielle, pour influer sur le monde de façon positive. Par conséquent, nous croyons à la pratique et à l'efficacité de la magie.

❖   L'action retombe sur son auteur. Le mécanisme exact de ce retour de l'énergie a donné lieu à bien des conjectures. Certains wiccas affirment que la Déesse remplit cette fonction ; d'autres soutiennent que c'est une loi universelle, comme la gravitation, et qu'aucun être n'est chargé de veiller à son fonctionnement. Il s'agit d'une réaction automatique, une sorte de ricochet.

❖   La terre est notre demeure, notre Déesse, non un outil dont nous pouvons abuser impitoyablement. L'intérêt pour l'écologie est un phénomène assez récent au sein de la Wicca, mais il tient à présent un rôle de premier plan. Plusieurs célébrations rituelles visent à stimuler les forces de guérison de la Terre. L'influence du mouvement écologiste sur la Wicca s'est révélée déterminante.

❖   Les wiccas ne sont pas évangélisateurs. Nous n'éprouvons pas le besoin de descendre dans la rue pour répandre la bonne parole. Répondre aux questions qui nous sont posées au sujet de notre religion est tout autre chose que de frapper à la porte de purs inconnus pour leur demander : « Avez-vous entendu la parole de la Déesse aujourd'hui ? » De telles pratiques sont compréhensibles (bien qu'irritantes) dans les religions dont les fidèles sont convaincus d'avoir trouvé l'unique voie, mais elles sont d'une absurdité intempestive dans la Wicca.

❖ La Wicca accepte le fait que chaque religion est valable pour ses adhérents. Cela ne signifie pas que nous aimons tous les représentants de chacune des religions, toutefois il faut que l'œcuménisme entre dans les mœurs quotidiennes. Non seulement devons-nous tous faire preuve de tolérance les uns envers les autres, mais les wiccas seront appelés, dans l'avenir, à promouvoir le dialogue avec les représentants des autres religions afin que ces derniers apprennent à mieux connaître notre voie. Dans une certaine mesure, c'est ce qui est en train de se produire.

❖ La Wicca accepte les membres des deux sexes, quels que soient leur race, leur pays d'origine et (habituellement) leur orientation sexuelle. Le racisme et les préjugés existent malheureusement au sein de la Wicca : plusieurs covens ne permettent pas aux personnes qui ne sont pas de race blanche de recevoir l'enseignement et l'initiation. En général, il est rare que ce racisme caché s'exprime ouvertement, mais il n'en est pas moins réel. Les wiccas ne sont pas parfaits, et nous avons appris dès notre naissance à aimer certains groupes de personnes et à en détester d'autres ; nous devons surmonter ces préjugés absurdes et nous rendre compte que nous faisons tous partie de l'espèce humaine. Le racisme et les a priori sous toutes leurs formes sont anti-wicca. (D'ailleurs qui a dit que la Déesse était une Blanche ?)

❖ La Wicca est une religion, non une organisation politique. Il peut arriver que des wiccas travaillent ensemble pour une cause et il arrive effectivement que des wiccas s'engagent personnellement dans l'action politique, mais la religion Wicca dans son ensemble ne se fait pas la championne d'une cause ou la supportrice de candidats politiques. Parmi les causes défendues par les wiccas, mentionnons les droits des femmes, la liberté en matière de procréation, la protection des terres, les droits des animaux, la contestation des lois restrictives dans le domaine religieux, etc*. Cependant, la Wicca n'est pas une religion politique. En fait, certains covens interdisent toute discussion à caractère politique avant, pendant et après la tenue du cercle.

❖  Au sein de la Wicca, les leçons privées ou l'initiation sont accordées gratuitement. Les créations des wiccas (pentacles, couteaux, bâtons, encens, huiles, livres) et les services offerts par ces derniers (conférences publiques et consultation) peuvent et doivent être payés, mais non les leçons ou l'initiation privées. Dans certains groupes, le coven met de côté les fonds nécessaires à l'achat de fournitures rituelles; c'est la seule exception.

Presque tous les wiccas souscrivent aux croyances énoncées plus haut. Tout comme la plupart des traditions, bien sûr. S'il est impossible de savoir au juste comment chaque wicca interprète ces croyances, nous pouvons être assurés qu'une majorité d'entre eux leur donnent une signification quelconque.

Il pourrait s'avérer profitable pour vous de dresser la liste des croyances wiccas auxquelles vous adhérez. Non pas simplement des croyances elles-mêmes, mais aussi de l'interprétation que vous leur donnez. Par exemple, vous pourriez écrire ceci :

## RÉINCARNATION

❖  Nous nous incarnons à maintes reprises pour apprendre certaines leçons.

---

* À la page 156 de *The Encyclopedia of Witches and Witchcraft* de Rosemary Guiley, on trouve un article sur l'amendement Helms (qui aurait aboli l'exemption fiscale pour les cercles de magie religieuse et les groupes néo-païens) qui constitue une brève illustration de l'engagement politique individuel wicca.

❖   Il est possible que nous nous incarnions avec des personnes que nous avons connues au cours d'existences passées.

❖   Les chats se réincarnent aussi.

L'essentiel est de consigner vos croyances par écrit. Ceci contribue à les cristalliser, à les enraciner, car elles peuvent être fluctuantes. Cet exercice permet de les définir.

Il est possible, et même probable, que votre interprétation des croyances générales de la Wicca se modifie à mesure que vous prendrez de l'expérience et assimilerez des connaissances. Il est naturel qu'il en soit ainsi. La liste que vous avez dressée pourrait cesser d'être valable. C'est également normal.

La Wicca est une religion qui professe des croyances spécifiques. Il est important de nous familiariser avec ces dernières si nous avons l'intention de pratiquer cette religion. Vous mettrez peut-être du temps à donner votre totale adhésion à certaines de ces croyances. Ayez recours à l'étude, la réflexion, la prière et l'expérimentation.

Le cœur de la Wicca est fait de ses croyances.

# 19

# Les règles

P resque toutes les organisations religieuses établissent un ensemble de règles ou un code de conduite pour leurs adhérents. Ces préceptes reflètent souvent la véritable nature de la religion, qui peut difficilement être définie en se fiant au comportement de la plupart de ses représentants.

La Wicca ne possède pas un seul, mais plusieurs ensembles de règles de ce genre. Publié sous différentes formes, le plus célèbre de ces systèmes est issu de ce que nous appelons aujourd'hui la Wicca gardnérienne*.

Il existe plusieurs autres variantes, et certains covens créent un ensemble de règles à l'usage de leurs membres. Tous ces préceptes wiccas sont fondés sur ce concept essentiel : Ne blesser personne.

Les préceptes traditionnels de la Wicca peuvent être groupés par catégories pour en faciliter l'étude. L'examen de ces lois et la lecture de quelques exemples (présentés à la fin du présent chapitre) devraient fournir tous les matériaux nécessaires pour l'adaptation ou la rédaction d'un ensemble de règles à l'usage de votre tradition personnelle.

---

* Voir l'ouvrage de Doreen Valiente, *Witchcraft For Tomorrow*. Une étude fascinante sur les origines probables de ces préceptes.

Voici une analyse en deux volets des lois traditionnelles de la Wicca. La première donne des détails sur les lois se rapportant spécifiquement aux pratiques des covens, qui ont une moindre importance pour les pratiquants individuels de la Wicca. La deuxième partie concerne les lois qui offrent d'intéressantes possibilités d'application pour le wicca solitaire.

## RÈGLES TRADITIONNELLES DE LA WICCA APPLICABLES AU COVEN

## L'ORGANISATION DU COVEN ET LA HIÉRARCHIE

Ces règles détaillent habituellement les fonctions de la grande prêtresse et du grand prêtre. Elles traitent souvent, en outre, de la durée moyenne des offices. Plusieurs règles définissent les différents degrés initiatiques et décrivent la composition du « conseil des sages » (généralement formé des adeptes élevés aux degrés supérieurs et agissant comme guides et conseillers auprès des membres des covens qui s'adressent à eux), ou celle d'autres sous-groupes similaires à l'intérieur du groupe. Plusieurs prescriptions définissent également d'autres fonctions d'office au sein du coven.

## LE SECRET

Obligation traditionnelle de garder le secret sur ce qui est réservé aux yeux et aux oreilles des initiés de la même tradition. Certaines règles menacent l'infidèle d'une punition divine s'il vient à briser le serment. (Le pratiquant individuel de la Wicca peut assurément créer une tradition « secrète ». Il vous appartient de décider s'il est important pour vous de discuter de votre religion et de vos pratiques religieuses avec autrui. Et vous seul pouvez déterminer précisément ce qu'il convient de révéler.)

# LES PROBLÈMES AU SEIN DU COVEN

Ces règles prescrivent la méthode qui doit servir à la solution des problèmes. Certains covens font appel à leur « conseil des sages » lors du processus de la prise de décision, ou pour éclairer ceux qui ont des motifs de se plaindre. Dans la plupart des traditions, les wiccas qui ont accédé aux degrés supérieurs sont libres d'aller former leur propre coven s'ils ne peuvent plus travailler au sein du coven auquel ils s'étaient affiliés. Plusieurs règles s'appliquent également aux grandes prêtresses et grands prêtres qui enfreignent les lois ou se désintéressent du coven.

# AU SUJET DES PERSÉCUTIONS

Ces lois vraisemblablement anciennes permettent de parler sous la torture, mais elles ont également la prévoyance d'autoriser le désaveu de toute information communiquée aux « magistrats ». Elles offrent aussi l'assurance que des drogues seront acheminées à celles ou ceux condamnés pour pratique de la sorcellerie afin que la mort par exécution qu'ils sont assurés de connaître soit rendue moins douloureuse. (Il est évident que ces règles n'ont plus guère d'utilité de nos jours.)

# L'ASSIDUITÉ AU RITUEL

Plusieurs traditions dictent des règles en ce qui concerne l'assiduité aux célébrations rituelles. Il existe une grande latitude en ce domaine, et ce ne sont pas toutes les traditions qui possèdent de telles lois. Dans la plupart des cas, les wiccas sont censés faire acte de présence à tous les rituels, sauf s'ils en sont dispensés par le (ou les) dirigeant (s) du coven. Certains règlements prévoient que le fait de manquer six rencontres consécutives constitue un motif suffisant pour bannir un wicca du coven, ne serait-ce que parce que cela témoigne de son désintérêt partiel ou total. (Cet aspect intéresse peu les pratiquants individuels. Toutefois, il serait heureux d'inclure quelques mots d'encouragement à propos de l'observance régulière des rituels dans votre code.)

## RÈGLES TRADITIONNELLES APPLICABLES AUX SOLITAIRES

### LE CULTE

Ces règles précisent parfois les heures et les dates des célébrations rituelles; dans l'ensemble, elles mentionnent que la Déesse et le Dieu méritent que nous leur rendions un culte, et rappellent aux wiccas de leur manifester leur attachement. (C'est logique. N'est-ce pas pour cette raison que nous sommes wiccas? Ces mots pourraient servir d'entrée en matière au code.)

### L'EFFUSION DE SANG

Plusieurs lois mentionnent que le sang ne doit pas être versé à l'intérieur du cercle et que les sacrifices rituels d'animaux sont interdits. (Qu'elle soit ou non énoncée explicitement dans le règlement, il s'agit d'une tradition wicca universelle.)

### NE BLESSER PERSONNE

C'est l'idée centrale, le thème unificateur de la majorité des lois : le wicca ne cause aucun mal à autrui. (Cette loi devrait faire partie de votre code sous une forme ou une autre.)

### LE RECOURS À LA MAGIE

Ces lois spécifient que la pratique de la magie ne doit pas être rémunérée, puisque cela pourrait ouvrir la porte à l'accomplissement de rites destructeurs. De plus, la magie ne doit jamais servir à se glorifier ou à causer quelque tort que ce soit. Cependant, certains règlements autorisent le wicca à utiliser le «pouvoir» (i. e. la magie) pour empêcher ou éviter qu'une personne nuise à autrui (une pratique à laquelle on donne généralement le nom de conjuration). (Voir plus loin «La loi du pouvoir».)

## LE COMPORTEMENT

Ces règles déconseillent aux wiccas de se vanter ou de proférer des menaces contre autrui et recommandent de traiter les autres – wiccas et non-wiccas – avec bonté et compassion. De plus, certaines lois interdisent l'usage des drogues à l'intérieur comme à l'extérieur du cercle, ainsi que les médisances sur les autres membres ou l'ingérence dans les enseignements reçus d'autres wiccas. (Cela ne nuit pas d'inclure ce genre de message dans votre code. Même si vous serez probablement le seul à lire ces notes sur l'importance de la bienveillance, le message peut s'avérer nécessaire à certains moments.)

## L'ENSEIGNEMENT

Certains codes mentionnent que tous ceux qui montrent un intérêt sincère pour la Wicca devraient pouvoir recevoir l'enseignement, à moins qu'ils ne commencent à utiliser leurs connaissances à mauvais escient. Les lois de ce genre ont pour la plupart été abandonnées, ou interprétées différemment. De nos jours, l'obéissance stricte à ces règles pourrait signifier que chaque wicca devrait dispenser un enseignement à cent élèves ou même davantage, ce qui se traduirait par un enseignement médiocre et des élèves mal formés. De pareilles lois ne sont tout simplement plus applicables dans le monde d'aujourd'hui, où tant de personnes réclament à grands cris d'être admis à la connaissance.

## LE RESPECT DE LA LOI

On redit aux wiccas de respecter la loi et de ne pas permettre qu'elle soit enfreinte. (Un judicieux conseil. Cette note est généralement placée à la fin du code.)

## L'AMOUR POUR LA DÉESSE ET LE DIEU

Ces lois rappellent discrètement que nous ne sommes pas seuls. (En général, il est préférable de débuter et de clore la série de règles par un énoncé confirmant la sollicitude divine.)

La lecture de tout ce qui précède vous amène peut-être à vous demander : «Puisque j'accomplis seul mes rituels, pourquoi aurais-je alors besoin de règles?» Même si nous faisons abstraction des lois s'appliquant aux covens, la question reste pertinente.

La réponse est simple : la plupart des règles applicables à la pratique individuelle de la Wicca font partie de la tradition universelle de la Wicca. Sans ces règles, nous ne disposons pas de ligne directrice. En leur donnant la forme de locutions définies et en les incorporant au Livre des Ombres de votre tradition personnelle, vous êtes assuré de pouvoir les étudier à loisir et vous guider sur elles.

C'est bien de dire : «Je ne ferai pas ceci et je n'oublierai pas de faire cela», mais en vous dotant d'un ensemble de règles sur ces points vous disposerez d'un excellent aide-mémoire.

## EXEMPLES DE LOIS

Nous pouvons inventer nos propres lois en nous inspirant de celles exposées à grands traits ci-dessus. La forme précise et la présentation de ces règles dépendent entièrement de vous. Certaines séries de règles sont numérotées; d'autres, non. Quelques-unes sont en vers rimés, mais la plupart sont rédigées en prose.

Voici trois variantes dont je suis l'auteur. La première s'inspire en partie des observations faites plus haut; la seconde reprend un passage de *La Wicca, magie blanche et art de vivre*, tout comme la troisième, qui traite spécifiquement de la magie.

## LA LOI

❖   Nous sommes de la Vieille religion, de ceux qui vont en compagnie de la Déesse et du Dieu et sont l'objet de leur amour.

❖   Observez les sabbats et les esbats du mieux que vous le pouvez, car agir autrement affaiblit les liens qui vous unissent à la Déesse et au Dieu.

❖   Ne blessez personne. C'est la loi la plus ancienne; elle ne saurait être modifiée ou interprétée abusivement.

❖   Ne répandez pas le sang pendant le rituel; la Déesse et le Dieu n'ont pas besoin d'être vénérés par des effusions de sang.

❖   Ceux qui appartiennent à notre tradition montrent de la bonté envers toutes les créatures, car les pensées pernicieuses épuisent inutilement nos forces. On crée soi-même son malheur; et, de même, son bonheur. Créez donc de la joie; rejetez le malheur et la tristesse. Vous en avez le pouvoir. Ne faites donc de tort à personne.

❖   N'enseignez que ce que vous savez, du mieux que vous le pouvez, à des élèves que vous choisirez vous-même, mais ne dispensez pas vos connaissances à ceux qui s'en serviraient à des fins destructrices ou pour contrôler autrui. N'enseignez pas pour en tirer vanité et n'oubliez jamais ceci : la personne qui enseigne pour se glorifier tirera peu de fierté de son œuvre ; celle qui enseigne par amour sera bercée dans les bras de la Déesse et du Dieu.

❖ N'oubliez jamais que si vous voulez suivre notre voie, la Loi doit vous tenir à cœur, car il est dans la nature de la Wicca d'observer la Loi.

❖ Vous pouvez modifier ou abandonner des lois au besoin et en créer de nouvelles pour les remplacer, à condition que celles-ci ne transgressent pas la loi la plus ancienne : ne blesser personne.

❖ Que les bénédictions du Dieu et de la Déesse se répandent sur nous tous.

## L'ESSENCE DE NOTRE VOIE

❖ Célébrez les rites en forêt, au bord de la mer, au sommet de montagnes inhabitées ou sur les rives d'un lac tranquille aussi souvent que possible. Lorsque cela s'avère impossible, un jardin ou une pièce quelconque fera l'affaire, si on prépare ce lieu avec des fleurs ou par une fumigation.

❖ Si vous en avez envie, vous pouvez chercher la connaissance dans les livres, les manuscrits rares et les poèmes obscurs, mais cherchez-la également dans les petits cailloux, les herbes fragiles et le cri des oiseaux sauvages. Pour découvrir ce qu'est la magie, écoutez soupirer le vent et mugir la cascade, car ils sont les gardiens des secrets anciens.

❖ Les livres contiennent des mots ; les arbres renferment des énergies dont les livres de sagesse ne soupçonnent même pas l'existence.

❖ N'oubliez jamais que la Vieille religion ne cesse d'être révélée. Soyez donc comme le roseau qui plie et se balance avec le vent. L'éclat de ce qui évolue et grandit brillera pendant des siècles, mais l'esprit désertera ce qui ne change pas.

❖ Ne vous moquez pas des rituels ou des sortilèges opérés par une autre personne, car qui peut affirmer que les vôtres les surpassent en sagesse ou en puissance ?

❖ Veillez à ce que vos actions soient honorables, car tout le bien ou le mal que vous faites vous reviennent multipliés par trois.

❖ Méfiez-vous de celui qui cherche à vous dominer, à contrôler et à manipuler vos pratiques et dévotions. La véritable dévotion pour la Déesse et le Dieu est toute intérieure. Ayez des soupçons à l'égard de toute personne qui souhaite vous détourner de votre culte pour sa gloire ou son avantage personnels, mais faites bon accueil à ces prêtresses et prêtres qui sont remplis d'amour.

❖ Honorez tout ce qui vit, car nous sommes de l'oiseau, du poisson, de l'abeille. Ne détruisez pas la vie, sauf si vous devez défendre la vôtre.

❖ Telle est l'essence de notre voie.

## LA LOI DU POUVOIR

❖ Le Pouvoir ne doit pas servir à blesser les autres ou à les contrôler. Mais il doit être utilisé pour protéger sa vie ou celle des autres, si besoin est.

❖ On ne doit user du Pouvoir qu'en cas de besoin réel.

❖ Le Pouvoir peut être utilisé en votre faveur, pourvu que vous ne causiez de tort à personne en agissant de la sorte.

❖ Il est mal avisé de se faire rétribuer pour exercer le Pouvoir, car on tombe rapidement sous le contrôle de l'argent. N'agissez pas comme les membres des autres religions.

❖ Le Pouvoir ne doit pas servir à satisfaire votre vanité, car une pareille attitude déshonore les mystères de la Wicca et de la magie.

❖ N'oubliez jamais que le Pouvoir est un don sacré de la Déesse et du Dieu et qu'on ne doit en aucun cas faire abus ou mésuser de celui-ci.

❖ Telle est la loi du Pouvoir.

La plupart des lois de l'Art demeurent secrètes et ne peuvent être rendues publiques de quelque manière que ce soit. Cependant, les exemples proposés plus haut dans ce chapitre ainsi que dans les lectures recommandées devraient vous fournir suffisamment d'indications pour vous permettre de créer vos propres règles.

Puissiez-vous le faire avec sagesse et amour.

## OUVRAGES RECOMMANDÉS

## *OUVRAGES PARUS SUR LES LOIS*

Les ouvrages sur les lois de la Wicca sont peu nombreux. Ces dernières sont même absentes des manuels wiccas les plus communs.

Il existe toutefois un nombre limité d'ouvrages qui traitent de ces règles ou incluent le texte intégral d'un code wicca. La plupart sont présentés ici. L'étude de ces règles conjuguée à la lecture du présent chapitre sera d'un grand secours dans la création de votre propre ensemble de règles. (Consultez la bibliographie de cet ouvrage pour des données complémentaires sur les livres suivants.)

Farrar, J. et Farrar, S. *The Witches'Way*. Se référer aux pages 303 et 304 pour des informations complémentaires sur ces lois.

Johns, J. *King of the Witches*. L'appendice A de cet ouvrage renferme une autre version des lois gardnériennes, que l'on nomme à tort « Livre des Ombres ».

Kelly, Aidan A. *Crafting the Art of Magic, Book I*. Les pages 145 à 161 présentent une version des lois « gardnériennes ». On trouve aussi une section mystérieuse, « Proposed Rules for the Craft/Projet de code de l'Art », p. 103-105.

Slater, H. (éditeur). *Pagan Rituals III, Outer Court Book of Shadows*. Rédigé à l'origine par le regretté Ed Buczynski pour les élèves de sa tradition écossaise, ce livre inclut aux pages 113 à 115 une section assez révélatrice intitulée « Les lois ». Quoique brève, elle donne de précieuses indications sur quelques règles secrètes (non gardnériennes) de quelques traditions, mais plusieurs règles sont beaucoup moins sévères. (N'oubliez pas que cet ouvrage était destiné à des élèves, non à des wiccas expérimentés.)

Valiente, D. *The Rebirth of Witchcraft*. Les pages 69 à 71 livrent des informations pertinentes sur le « Projet de code » et les lois gardnériennes. (L'histoire secrète des règles wiccas les plus célèbres suscite un vif intérêt.)

Diverses règles wiccas ont été publiées dans des périodiques consacrés aux anciennes religions païennes, notamment dans le format antérieur de publication de *Green Egg*. Les numéros qui renfermaient ces règles sont aujourd'hui épuisés et, par conséquent, très recherchés des collectionneurs. (En passant, quelques-unes de ces règles ont été ajoutées à certains Livres des Ombres « traditionnels » sans qu'aucune indication n'ait été donnée sur leurs sources.)

# 20

# Les symboles de la Wicca

L es symboles sont une composante importante de plusieurs traditions wiccas. Ils servent de code magique dans le Livre des Ombres ; de représentation graphique de la Wicca ou d'une tradition particulière de la Wicca (comme ornement de papier à lettres peut-être) et contribuent à accroître le pouvoir des outils et des bijoux magiques.

Les premiers symboles rituels qui furent utilisés par la Wicca étaient en grande partie dérivés de l'alchimie et de la magie cérémonielle (en particulier les symboles présentés dans les *Clavicules de Salomon*; voir la bibliographie). Leur nombre augmenta très vite et ils prirent un caractère plus spécifiquement wicca, tels les symboles des différents degrés initiatiques, du cercle, de la Déesse et du Dieu. Les fidèles des traditions wiccas s'échangèrent des symboles, puis on commença à les rendre publics, ce qui continua d'en répandre l'usage.

Votre tradition utilisera probablement certains symboles. Parce qu'ils s'adressent à l'inconscient, les symboles (qui correspondent en un sens à un alphabet condensé) peuvent susciter de fortes réactions psychologiques lorsque celui qui les contemple est conscient de leur signification.

Vous pouvez inventer vos propres symboles ou les choisir dans le répertoire ci-dessous. Permettez-moi cette unique recommandation : n'utilisez jamais un symbole qui vous est peu familier. Si vous ne connaissez pas la signification d'un symbole, il est préférable à tous points de vue de ne pas l'employer.

Voici certains types de symboles particuliers :

## LES SYMBOLES DE NOTRE RELIGION

Le plus célèbre est le pentagramme, une étoile à cinq branches entrecroisées. Lorsqu'elle a une pointe vers le haut, l'étoile représente la Wicca. Il semble que l'association entre le pentagramme et notre religion soit relativement moderne (bien que le symbole lui-même soit en usage depuis 2400 ans av. J.-C., époque où il fut représenté pour la première fois sur des poteries du Moyen-Orient).

Parmi les autres symboles, mentionnons les représentations miniaturisées des déesses (le plus souvent sous la forme de bijoux) et plus particulièrement les statuettes surnommées « Vénus » telle la célèbre Vénus de Willendorf.

(Parmi les symboles récents de la Wicca, mentionnons le bouton vert uni, sans signes ni caractères, que les wiccas portaient dans les lieux publics afin de pouvoir se reconnaître entre eux. À ma connaissance, cette pratique s'est éteinte à travers le pays.)

## LES SYMBOLES DES DIFFÉRENTES TRADITIONS

De nombreuses traditions wiccas ont un symbole en propre. La plupart comportent un ou plusieurs des éléments ci-dessous; ces derniers peuvent être combinés de multiples façons, de sorte à créer un effet original et frappant :

Pentagramme

Croix ansée ou
égyptienne

Croissant de lune

Cornes

Étoile à huit branches

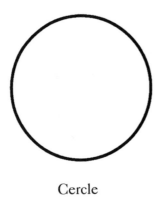

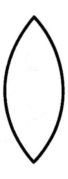

Cercle

Symboles vulvaires
associés à Shakti
(populaires auprès de certaines
wiccas féministes)

Comme nous pouvons le voir, ces éléments offrent de nombreuses possibilités de combinaison.

Il n'est pas obligatoire de créer un symbole propre à votre tradition. Toutefois, si vous décidez d'en créer un, celui-ci peut ensuite être copié dans votre Livre des Ombres; brodé sur les robes; peint sur les outils et destiné à divers autres usages rituels.

## LES SYMBOLES DU LIVRE DES OMBRES ET L'ÉCRITURE ABRÉGÉE

Les symboles suivants sont en usage dans différentes traditions wiccas; ils sont accompagnés de quelques variantes et de plusieurs symboles de mon cru. Lorsqu'ils vous seront familiers, vous trouverez commode de les utiliser dans le Livre des Ombres ou pour la rédaction des rituels. Par exemple, il est beaucoup plus simple d'écrire «Projetez 0» que «Projetez le cercle magique».

Voici une liste de symboles traditionnels (et modernes):

Déesse                              Dieu

Cercle magique

Posture de la Déesse

(utilisée parfois dans le rituel
wicca; la wicca se tient debout,
jambes écartées, les bras levés
vers le haut de chaque côté du
corps, pour représenter la
Déesse)

Posture du Dieu

(utilisée parfois dans le rituel
wicca; le wicca se tient debout
jambes jointes, poignets croisés
sur la poitrine, le droit couvrant le
gauche, pour représenter le
Dieu)

Féminin

Masculin

Balai

Bâton

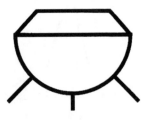

Chaudron

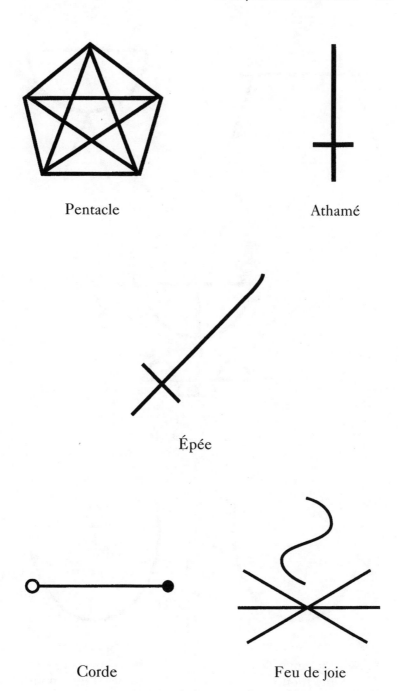

Pentacle

Athamé

Épée

Corde

Feu de joie

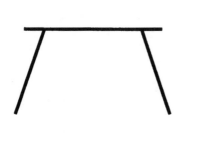

Autel

Coupe

Gâteaux et vin

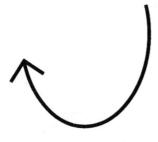

Sens des aiguilles
d'une montre

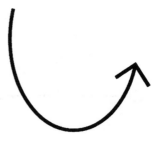

Sens contraire des
aiguilles d'une montre

La jeune fille

La mère

La vieille femme

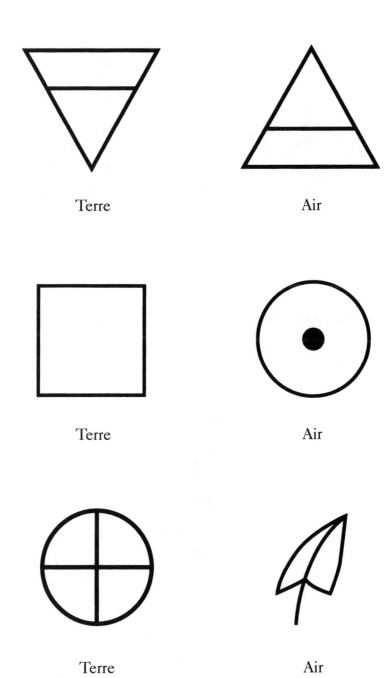

Terre                    Air

Terre                    Air

Terre                    Air

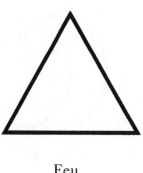

Feu

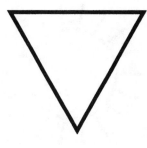

Eau

Feu

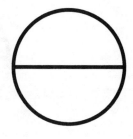

Eau

Feu

Eau

Soleil                          Lune

Terre

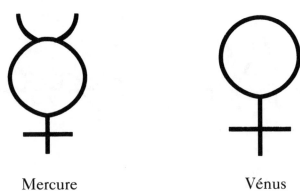

Mercure                         Vénus

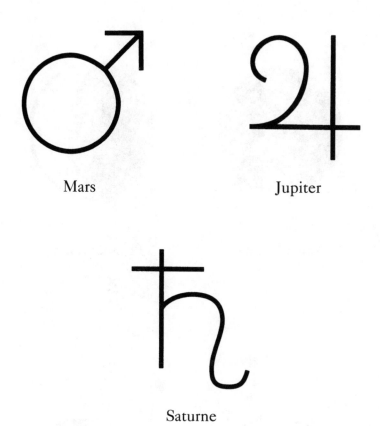

Mars                          Jupiter

Saturne

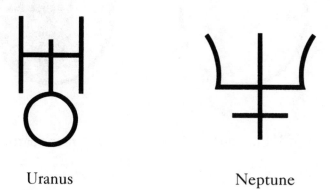

Uranus                        Neptune

Nouvelle lune

Premier quartier

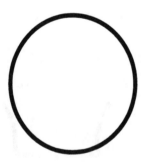

Pleine lune

Dernier quartier

Lever de lune                    Coucher de lune

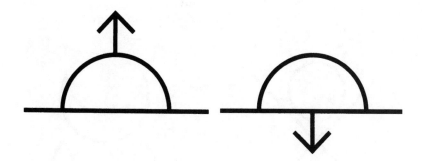

Lever du soleil                  Coucher du soleil

Réincarnation

Purification

Charme

Néfaste ; mortel                    Bénédictions

Spiritualité

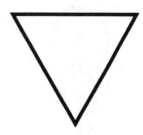

Spiritualité

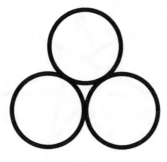

Paix

Protection

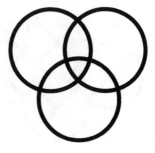

Protection

Guérison et santé

Courage

Énergie magique

Force magique et physique

Beauté

Amour                    Amour

Mariage

Amitié                    Amour

Conscience de l'âme

Conscience de l'âme

Le conscient

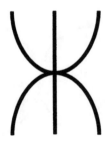

Argent

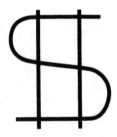

Argent

Pluie

Tempête

Sexe

Fertilité

Huile essentielle

Plante
(herbes, fleurs, feuilles)

Eau

Sel

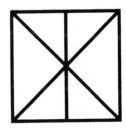

Signe de la sorcière
(inscrit sur les outils, les lieux de
célébration rituelle, les autels ;
c'est le 13 en chiffres romains,
légèrement modifié)

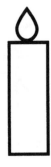

Chandelle

Vin

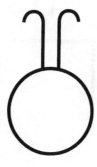

Printemps

Été

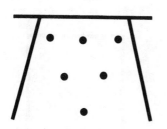

Hiver

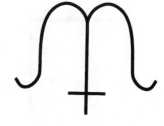

Automne

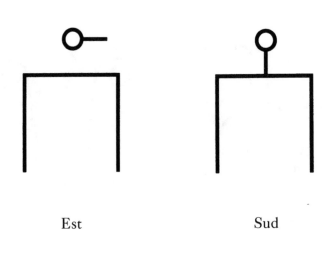

Est                    Sud

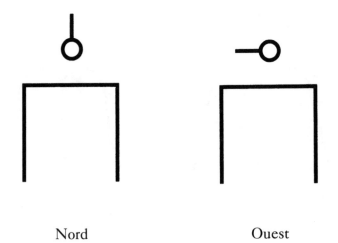

Nord                   Ouest

Utilisez les symboles ci-dessus pour créer vos propres rituels. Les charmes magiques que vous opérez peuvent être spécifiquement adaptés à vos besoins. Voici quelques symboles de mon invention. Référez-vous au chapitre 19 de *Earth, Air, Fire & Water* (Llewellyn Publications) pour obtenir des informations plus complètes sur la création de vos rituels.

Provoquer le sommeil

Avoir des songes
prophétiques

Conserver le souvenir
des rêves

Empêcher la somnolence

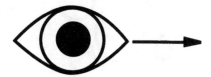

Favoriser l'étude

Guérison de la jalousie

Guérison de la culpabilité

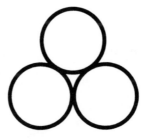

Soulager le stress

Cesser de fumer

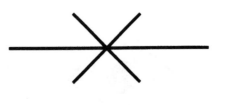

Perdre du poids

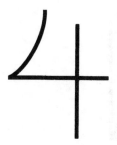

Réussir en affaires

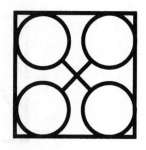

Se surpasser en entrevue

Obtenir un emploi

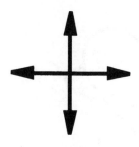

Voyage

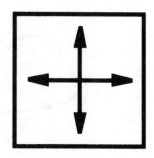

Protection pendant
un voyage

Protection d'un enfant

Protection de deux enfants

Protection de trois enfants

Renforcer le mariage

# SYMBOLES WICCAS PERSONNELS

Plusieurs wiccas accolent un symbole particulier à leur signature pour représenter leur religion et aussi, dans certains cas, à des fins de protection. Dans certaines traditions, ce symbole représente le degré initiatique atteint par le wicca.

J'ai l'habitude d'adjoindre un pentagramme à ma signature. Vous pouvez faire la même chose ou créer votre symbole personnel. Il pourrait avoir un lien avec la Déesse et le Dieu ; ce pourrait être une création unique, tout à fait personnelle. Faites appel à votre imagination et à votre créativité.

# LES ALPHABETS RUNIQUES

Certains wiccas font appel aux runes pour rédiger leurs rituels. Ils sont toutefois une minorité, car il faut avoir une excellente connaissance des runes avant de pouvoir lire couramment cette écriture. De nos jours, peu de personnes sont disposées à apprendre un nouvel alphabet. Néanmoins, la plupart des traditions wiccas incluent un alphabet runique dans leurs Livres des Ombres.

Pourquoi le font-elles ? Les runes peuvent être employées au cours de rites magiques particuliers, en raison de leur symbolisme et de leur pouvoir intrinsèque. En outre, des caractères runiques sont souvent peints ou gravés sur les outils dans le but d'accroître leur efficacité. Du reste, chez les wiccas, il est de tradition de faire usage des runes d'une façon ou d'une autre.

Nombre d'alphabets runiques ont été publiés. (À une certaine époque, alors que ces derniers étaient encore considérés comme secrets, on trouvait des alphabets runiques complets dans plusieurs dictionnaires). Il existe aujourd'hui un grand choix d'ouvrages sur le sujet, ce qui nous permet de choisir le système qui servira le mieux les buts que nous poursuivons.

Il existe une telle divergence d'opinions sur les formes exactes des caractères runiques (plus encore sur leur signification) que je n'ajouterai pas à la controverse en y allant d'une autre variante. Si le sujet vous intéresse, je vous suggère de lire les ouvrages inclus dans la liste ci-dessous :

## OUVRAGES RECOMMANDÉS

Howard, M. *The Magic of Runes*. (Le livre tout entier)

Koch, R. *The Book of Signs*. (Le livre tout entier)

Tyson, D. *Rune Magic*. (Le livre tout entier)

# 21

# Le Livre des Ombres

L a majorité des traditions wiccas possèdent un Livre des Ombres qui leur est extrêmement précieux. Ces livres sont rarement publiés ou même montrés aux non-initiés. Les croyances spécifiques de la tradition et les modalités du culte y sont consignées dans leurs grandes lignes ou en détail.

Bien que le contenu et l'ordonnance de ces usages rituels varient, la plupart des Livres des Ombres renferment des indications sur la projection et l'effacement du cercle, les rituels religieux, la consécration des outils, les règles, la structure du coven, les rites magiques, les prières et, quelquefois, l'usage des herbes. Certains Livres comportent une liste des membres célèbres de la tradition, des exercices pour la formation des nouveaux élèves et des cérémonies d'initiation.

Les ouvrages de ce genre jouent un rôle important dans l'établissement et le maintien de toutes les traditions wiccas, car, sans eux, les rites spécifiques d'une tradition et les autres usages doivent être soigneusement mémorisés et transmis oralement. Ceci laisse toujours la porte ouverte aux erreurs, aux interprétations erronées et même à la perte de données.

Il importe de bien comprendre ceci : à ma connaissance, aucune tradition wicca n'a consigné toute l'information par le menu détail. Une bonne partie est transmise oralement de maître à élève. Néanmoins, le Livre des Ombres d'une tradition wicca se révèle un guide fidèle et un précieux aide-mémoire pour le pratiquant.

Il existe aujourd'hui plusieurs Livres des Ombres. Certains sont utilisés par des centaines ou des milliers de wiccas. D'autres, créés par des wiccas solitaires, ne seront jamais exposés aux regards d'autrui.

Ce chapitre se veut un guide de rédaction de votre Livre des Ombres. En un sens, il constitue le point culminant de la troisième partie du présent ouvrage – puisque c'est dans ce Livre que vous consignerez votre nouvelle tradition.

L'aspect du Livre lui-même importe peu. De nos jours, on peut facilement se procurer des livres reliés vierges et ceux-ci constituent certainement un bon choix – mais uniquement si vous êtes certain que votre tradition ne se développera plus. (Il est difficile de faire des changements à l'intérieur d'un livre relié.) Si vous avez des doutes à ce sujet, la solution consiste peut-être à choisir un cahier à feuilles mobiles de façon à pouvoir ajouter ou retrancher des éléments au besoin.

De nombreux Livres des Ombres commencent par des rituels d'initiation et renferment d'autres informations qui ne peuvent être directement appliquées aux pratiquants individuels de la Wicca. Si nous ne tenons pas compte de ces sections, nous avons un aperçu (sommaire) du Livre des Ombres type qui pourra vous servir de modèle dans la création votre propre Livre.

L'opération n'a rien de compliqué : il s'agit de remplir les pages blanches en y inscrivant toutes les données, les rituels, les règles et autres informations que vous avez retenus pour constituer votre tradition. Personnalisez votre Livre – ajoutez une note de poésie et peut-être une section de chants ou de cantiques. Les Livres des Ombres des pratiquants individuels consistent pour la plupart en des créations d'une grande originalité.

(Si vous envisagez la création de votre Livre des Ombres personnel avec une certaine inquiétude, il vaut mieux vous abstenir. Chaque Livre des Ombres fut rédigé à son heure.)

❖ *Page de titre.* On peut y lire « Livre des Ombres », ou « Le Livre des Ombres » ou une expression se rapportant plus explicitement à votre tradition, par exemple « Le Livre des Ombres de la lune de nuit » (si vous lui avez choisi un nom). La page de titre peut aussi porter simplement un pentagramme, votre nom en alphabet runique ou d'autres symboles. Elle peut aussi demeurer blanche.

❖ *Lois.* Elles peuvent également être désignées par les termes « règles », « codes » ou « règles de conduite ».

❖ *Invocations à la Déesse et au Dieu.* Les invocations peuvent venir à la suite des lois ou avant celles-ci. Souvent, les premières pages renferment une ou deux invocations qui ont pour effet de « bénir » le Livre.

❖ *Schéma* de l'autel.

❖ *Instructions pour la projection et l'effacement du cercle.* Soyez aussi explicite que possible.

❖ *Rituels* : sabbats, rite de la pleine lune, consécration des outils, gâteaux et vin.

❖ *Prières, chants et invocations* (à utiliser comme vous trouverez bon de le faire).

❖ *Outils pour la pratique de l'Art.* (Cet aspect peut être placé ailleurs. Dans certaines traditions, ces informations sont incluses dans les rites initiatiques.)

❖ *Rituel d'auto-initiation.* Ainsi qu'un rituel d'initiation, dans un coven, si vous le désirez. Toutes les autres formes de rituels.

❖ *Rites et connaissances magiques*, y compris des connaissances sur les herbes, des recettes et des charmes authentiquement wiccas (c'est-à-dire, ceux faisant intervenir directement la Déesse et le Dieu). Aussi, des symboles et des signes servant de code (dans le Livre des Ombres) et utilisés à des fins magiques. Des runes.

Ce plan schématique peut être modifié à votre convenance.

Votre Livre des Ombres doit-il être écrit à la main ? Les traditionalistes pourraient répondre par l'affirmative, mais de nos jours, plusieurs Livres sont dactylographiés, enregistrés sur disque et photocopiés. Il ne fait aucun doute, cependant, que l'écriture de chacun des mots à la main ajoute à l'efficacité du Livre des Ombres, car une fraction de votre énergie demeure alors physiquement à l'intérieur des mots et du Livre lui-même.

Si votre écriture est illisible ou si vous n'aimez tout simplement pas écrire, vous pouvez le dactylographier ou en faire la saisie sur ordinateur et l'imprimer.

Bien que cela puisse sembler très commode de faire votre Livre des Ombres sur ordinateur, l'usage d'un livre manuscrit pendant la célébration rituelle possède un pouvoir d'évocation inégalable. C'est un aspect de l'héritage romantique de la Wicca dont nous ne saurions nous priver. (Je dois admettre toutefois, à la suite d'une expérience vécue récemment, qu'il peut s'avérer pratique de posséder une copie dactylographiée de n'importe quel texte manuscrit. En d'autres termes, l'idéal serait peut-être que votre Livre des Ombres existe sous les deux formes.)

## OUVRAGES RECOMMANDÉS

On a publié plusieurs prétendus Livres des Ombres en différents formats. Il s'agit de versions plus ou moins complètes, mais un grand nombre d'entre eux ont été grandement remaniés par leurs présentateurs avant leur publication. Voici quelques-uns de ces ouvrages de même que certaines remarques sur chacun d'eux :

Buckland, R. *The Tree : A Book of Saxon Witchcraft*. (Une nouvelle tradition wicca inspirée de la culture saxonne, mais cent pour cent wicca.)

Farrar, J. et Farrar, S. *The Witches'Way*. (Fragments et passages du Livre des Ombres et des rituels gardnériens ; aucun texte intégral. Les quatrième et cinquième chapitres présentent un intérêt particulier.)

Slater, H. (éditeur). *A Book of Pagan Rituals*. (Matériel exotérique sur le paganisme, mais ce n'est pas précisément wicca.)

Slater, H. (éditeur). *Pagan Rituals III : Outer Court Training Coven*. (La seconde moitié de l'ouvrage, «*Book of Mysteries*», est constituée d'un Livre des Ombres rédigé pour un coven formé d'élèves appartenant à une tradition écossaise.)

Starhawk. *The Spiral Dance*. (Cet ouvrage renferme les fragments épars d'un Livre des Ombres.)

Valiente, D. *Witchcraft For Tomorrow*. On y trouve le *Liber Umbrarum*. (Écrit à l'intention des pratiquants individuels de la Wicca, cet ouvrage n'inclut malheureusement pas les rituels des sabbats.)

Weinstein, M. *Earth Magic: A Dianic Book of Shadows.* (C'est probablement l'ouvrage qui se distingue le plus des autres ; ce manuel peu ordinaire traite de certains aspects des pratiques religieuses wiccas. Il n'inclut aucun rituel pour les célébrations des sabbats.)

Il est possible que la lecture de trois ou quatre des Livres des Ombres ci-dessus sème la confusion dans votre esprit, mais vous aurez tôt fait de saisir le concept de la diversité de la Wicca. Gardez ceci en mémoire : vous n'avez pas à agir de telle et telle façon simplement parce qu'un Livre des Ombres mentionne que les wiccas agissent ainsi.

Si vous avez envie de créer votre propre tradition, il est important qu'elle possède un Livre des Ombres. Il est possible (et même probable) que votre Livre des Ombres évolue avec le temps, mais il restera le symbole de votre engagement au sein de notre religion et réaffirmera votre appartenance à la Wicca.

Et, même si cela vous ennuie énormément, je vous prie d'envisager de copier votre Livre des Ombres à la main. Que cet exercice vous apparaisse comme un signe d'attachement à votre religion.

# 22

# L'enseignement

## *(Quand le cercle s'agrandit)*

Vous en savez déjà plus sur la Wicca que bien d'autres personnes. Vous n'êtes peut-être pas un expert et vous avez sans doute d'autres questions, mais beaucoup moins que ceux qui n'ont jamais célébré un rituel wicca ou lu sur le sujet. En continuant d'expérimenter, de lire et de réfléchir sur votre pratique de la Wicca, vous enrichirez vos connaissances et prendrez de l'expérience. S'il vous arrive de parler brièvement de votre religion, ne serait-ce qu'à un petit nombre de personnes, il est possible qu'une personne vous demande un jour de lui enseigner, car après tout vous êtes un spécialiste de la Wicca.

Il se peut que la situation ne se présente pas, mais si cela devait se produire, vous aurez un choix important à faire. Allez-vous enseigner ou non ? Les réponses que vous apporterez aux questions ci-dessous vous aideront peut-être à prendre cette décision.

### *Ai-je l'expérience et les connaissances requises ?*

En d'autres termes, maîtrisez-vous l'aspect technique du rituel wicca et l'usage des outils ; connaissez-vous bien les sabbats; votre relation avec la Déesse et le Dieu est-elle profonde et satisfaisante ? Même si vous n'êtes pas un spécialiste de la pratique au sein des covens, êtes-vous expert dans votre forme de pratique personnelle ?

### Ai-je les qualités pour enseigner à autrui ?

Êtes-vous capable d'expliquer des théories complexes avec les mots de tous les jours ? Avez-vous le savoir-faire pour donner une démonstration pratique de certaines techniques wiccas à un élève ? Pour enseigner, vous n'avez pas besoin d'un tableau et d'une craie. L'enseignement peut prendre des formes diverses. La meilleure méthode d'enseignement de la pratique individuelle de la Wicca est une combinaison d'entretiens sincères et de démonstrations rituelles (rien de laborieux).

### Suis-je doué d'une patience à toute épreuve ?

Pouvez-vous répéter une réponse plusieurs fois ? Êtes-vous facilement contrarié, surtout avec autrui ? Croyez-vous qu'il existe des questions carrément « stupides » ? Cela vous gêne-t-il de recevoir un appel téléphonique à 2h du matin ?

### Suis-je capable de choisir un élève ?

C'est une question capitale. Les élèves en puissance appartiennent à tous les types humains. Si une personne étudie la Wicca pendant quelques mois, puis ne retéléphone plus par la suite, vous n'avez pas perdu votre temps et il se peut en effet que vous ayez influencé positivement la vie de cette personne. Si vous enseignez à une personne incapable d'accepter de « ne blesser personne » et qui poursuit son utilisation des procédés magiques de la Wicca à des fins destructrices, vous éprouverez probablement un sentiment de culpabilité causé par le choix de vos étudiants. Si vous enseignez la Wicca à un homme ou à une femme simplement parce que vous êtes engagé dans une relation amoureuse, vous perdez peut-être votre temps. Les amis représentent aussi un choix douteux, car il n'est pas garanti qu'un ami fidèle soit un élève adéquat.

### Est-ce que je désire vraiment enseigner?

L'idée de révéler une dimension très personnelle de votre vie à d'autres personnes vous sourit-elle? Êtes-vous disposé à assumer la responsabilité de l'enseignement?

### Si c'est le cas, pourquoi?

Quelles sont vos véritables motivations? La vanité? Le désir d'être adulé par vos élèves? Est-ce une manœuvre de l'ego? Ou le désir de seconder d'autres humains dans leur développement spirituel et leur recherche du bonheur? Éprouvez-vous insconsciemment le désir de «convertir» autrui à la Wicca (à proscrire), ou souhaitez-vous simplement répondre à un besoin qui s'est manifesté en vous?

### Combien de temps êtes-vous prêt à consacrer à l'enseignement?

Même si vous n'avez qu'un seul élève, vous souhaiterez peut-être préparer la matière des prochains cours, étudier différents aspects afin de rafraîchir vos connaissances, adapter certains thèmes wiccas plus complexes pour en faciliter la compréhension et garder du temps pour les cours ou les rituels ainsi que pour d'autres projets de longue haleine. C'est à vous de déterminer le nombre de leçons que vous donnerez – la formule du cours hebdomadaire semble satisfaisante.

### Quelle somme votre élève peut-il débourser?

Bien que l'enseignement wicca soit gratuit, il est toutefois indispensable de faire l'achat de fournitures telles que des outils, des livres, des chandelles et de l'encens. Si votre élève a un budget modeste, êtes-vous disposé à lui prêter des livres et des outils, ou à acheter un double de ces accessoires pour qu'il en fasse usage ? (Prenez garde, la plupart des ouvrages wiccas qui sont prêtés ne sont jamais rendus.)

Les réponses que vous donnez à ces questions vous aideront probablement à prendre votre décision. Si vous décidez que vous n'êtes tout simplement pas prêt, ou que vous ne désirez pas commencer à enseigner, expliquez-le à la personne qui vous a demandé de l'instruire. Si vous faites le choix d'enseigner, il est temps de commencer la planification des cours.

Vous avez entière liberté quant à la forme que vous donnerez à ces cours de même qu'à leur durée et leur fréquence. C'est une excellente idée de tenir les leçons le même jour chaque semaine (ou chaque mois) puisque l'élève peut se souvenir plus facilement de la date.

De manière générale, il est préférable d'enseigner dans votre propre demeure. De cette manière, quand une question se présente, vous serez en mesure de faire voir précisément à l'élève ce dont vous parliez (dans un livre, à l'aide d'une illustration ou d'un outil que vous n'aurez peut-être pas apportés chez votre élève.)

Les cours devraient se dérouler en privé, mais pas nécessairement en secret. Lorsque trois jeunes bambins courent par terre, allument la télé et laissent entrer chiens et chats dans la salle de séjour, c'est gaspiller une leçon que de tenter d'expliquer la projection du cercle. Assurez-vous que vous et votre élève serez seuls ensemble.

Voici encore quelques indications concernant l'enseignement :

*Enseignez ce que vous savez.*

Même si cela semble évident, plusieurs personnes tentent de transmettre des connaissances qu'elles arrivent à peine à comprendre. Si vous ne maîtrisez pas certains sujets, ne faites pas semblant d'être en mesure de les enseigner. Si ces thèmes sont abordés durant vos cours, expliquez-les brièvement et passez à autre chose ; évitez que cette question ne devienne le thème central de la leçon. *Enseignez avec honnêteté.* Lorsque l'on vous pose une question dont vous ignorez la réponse, avouez-le simplement et il se peut que votre élève et vous parveniez à la découvrir ensemble.

*Ne permettez pas que l'enseignement domine toute votre vie.*

L'enseignement peut constituer un aspect de votre vie, un aspect sans doute important et profondément satisfaisant, mais il ne faut pas en faire le seul objectif de votre existence.

*Enseignez avec humour.*

Oubliez la méthode qui fut utilisée pour vous enseigner la religion de votre enfance. La Wicca est loin d'être une religion sévère, pleine d'interdits. C'est une religion où se mêlent la joie, l'amour et le plaisir, et vos cours devraient être le miroir de notre voie. Si vous n'avez rien d'un humoriste, enseignez du moins la Wicca avec bonne humeur. Évitez les exposés magistraux et les sombres mises en garde.

*Enseignez avec humilité.*

Une attitude pontifiante peut impressionner pour un temps le néophyte wicca aux yeux agrandis par la candeur, mais si vous exagérez l'étendue de vos pouvoirs et de vos connaissances, même l'élève le plus inexpérimenté pourra démontrer la fausseté de vos déclarations. En outre, il faut veiller à ce que votre version de la Wicca demeure flexible, en rappelant à votre élève que c'est votre façon de procéder et qu'il existe de nombreuses autres voies. Évitez de le mettre constamment en garde contre les éventuels « dangers » qui attendent celui ou celle qui a omis des mots dans un rituel. Ces enseignements superstitieux n'ont pas leur place dans la Wicca.

*N'enseignez pas l'histoire ancienne de la Wicca si vous doutez de son authenticité.*

La plupart des ouvrages sur le sujet sont discutables – même ceux qui sont écrits par des wiccas. Si vous le désirez, vous pouvez apprendre à votre élève l'histoire contemporaine de la Wicca, en commençant par Gerald Gardner. Nous pouvons au moins être sûrs de ce qui s'est passé depuis une quarantaine d'années.

*Enseignez avec discernement.*

Ne faites pas subir le baptême du feu à votre élève au cours des premières leçons. Commencez en douceur et augmentez progressivement la complexité et le niveau des leçons. Demandez à vos élèves s'ils ont compris certains points particulièrement importants et assurez-vous que c'est le cas avant de passer à des sujets plus exigeants. (Vous pouvez toujours leur faire subir un exercice de contrôle.)

*Envisagez la possibilité d'interrompre les cours.*

Si une personne montre peu d'intérêt pour la matière enseignée ou si vous avez des raisons de croire qu'elle s'adonne à la magie noire, cessez de lui enseigner.

*Enseignez en distinguant la magie populaire (voir le glossaire) de la Wicca.*

Nous savons tous que la Wicca ne consiste pas à jeter des sorts et à pratiquer la magie à l'aide de chandelles. Si vous choisissez de donner cet enseignement, que ces pratiques par définition profanes et non wiccas fassent l'objet de leçons distinctes.

*N'enseignez pas pour exercer un contrôle sur autrui.*

Cette recommandation paraît aller de soi, mais certains éprouvent le besoin de dominer d'autres personnes. Comme la religion a exercé une influence déterminante sur les différentes cultures à travers l'histoire, certains individus ont entrepris d'enseigner la Wicca afin d'être en position d'autorité. Ce motif et celui de la recherche du profit matériel constituent deux des pires raisons pour enseigner.

*Enseignez avec amour.*

Il est possible que vous n'aimiez pas particulièrement votre élève, mais vous devez certainement apprécier votre religion. Dans vos cours, exprimez les sentiments que vous inspire la Wicca, mais prenez garde de ne pas vous transformer en un prosélyte fanatique, qui fulmine devant ses élèves, l'écume aux lèvres. Il est recommandé d'agir avec mesure.

*N'oubliez jamais que la décision d'enseigner est vôtre.*

Personne ne peut vous forcer à accomplir quoi que ce soit. Vous avez agrandi le cercle et invité une autre personne à y entrer. Il convient de fêter cet événement.

Des situations difficiles peuvent surgir au cours de la formation, mais elles pourront toutes être dénouées. Il est possible que votre élève commence à faire des allusions indirectes à l'initiation après quelques cours, ou même avant. Avec le temps, celles-ci pourront devenir plus directes, plus évidentes.

Ces requêtes ne doivent jamais être laissées sans réponse. Il ne faut jamais faire naître de faux espoirs chez vos élèves. Si vous ne voulez pas procéder à l'initiation rituelle d'un autre être humain, dites-le à votre élève le jour de sa première leçon. Vous pouvez lui suggérer de recourir à l'auto-initiation et, si vous le désirez, lui décrire le rite auquel vous avez eu recours vous-même. Ceci doit être parfaitement clair. Quelques élèves conserveront un timide espoir, mais, au moins, vous aurez dis-sipé tout malentendu dès le départ.

Si vous ne voyez pas d'objection à initier d'autres person-nes, mais n'avez pas encore déterminé si tel élève en est digne, dites-lui que cette possibilité ne peut même être envisagée avant qu'il n'ait subi un exercice de contrôle à la fin de son apprentissage. Et si vous êtes déjà convaincu de la sincérité de l'élève, contentez-vous de dire : «En temps et lieu.» (De pareilles cérémonies d'initiation ne représentent pas néces-sairement un sommet dans l'enseignement individuel de la Wicca. En fait, elles se produisent assez rarement. Reste que chaque élève désire une initiation. En tant que professeur, vous aurez à composer avec cette réalité.)

Il survient parfois une autre situation. Vous avez très proba-blement enseigné à votre élève à accomplir quelques rituels. Et, tôt ou tard, votre élève célébrera un rituel avec vous. Ceci pour-rait laisser croire, à tort, que vous avez formé un coven.

Une fois de plus, il convient d'expliquer dès le début que vous ne fondez pas un coven; comme vous n'êtes pas à la recherche de nouveaux membres, les rituels cesseront avec la fin des cours. (Les élèves qui souscrivent à l'organisation de la Wicca en covens trouvent souvent difficile d'y renoncer. Leur attitude le laissera deviner.)

Il y a encore beaucoup à dire sur la question de l'enseigne-ment, mais vous découvrirez tout cela au fur et à mesure. Puisque nous pratiquons la Wicca en solitaires, il n'est cer-tainement pas nécessaire que nous l'enseignions à d'autres per-sonnes. Pourtant, l'enseignement peut devenir une activité particulièrement satisfaisante à plusieurs points de vue.

Élargir le cercle, c'est célébrer votre foi, manifester votre engagement religieux et vivre un apprentissage continu. Comme je l'ai toujours dit, enseigner constitue la meilleure façon d'apprendre.

# 23

# La Wicca vivante

J'ai intitulé ce livre *La Wicca vivante* pour deux raisons particulières. La première, c'est que la Wicca est bel et bien vivante. Elle s'est développée et a gagné aussi bien en popularité qu'en importance. On rencontre plus fréquemment le nom de notre religion dans le monde extérieur et parfois dans les lieux les plus inattendus. Le public découvre – et même, dans une faible mesure, comprend – de plus en plus la Wicca. (Le courant d'opposition à l'utilisation des termes « sorcellerie » et « sorcière » a contribué énormément à ce résultat.)

Le titre du présent ouvrage fait également référence aux pratiquants de la Wicca. Nous nous efforçons de vivre dans l'esprit de la Wicca, tout comme les fidèles des autres religions essaient de faire coïncider leurs croyances religieuses avec la vie qu'ils mènent. Bien sûr, il n'existe pas de superwiccas parmi nous ; l'intrusion du monde extérieur dans nos vies personnelles nous force tous à faire des choix difficiles, dont certains pourraient battre en brèche les enseignements de la Wicca. Malgré tout, il vaut certainement la peine de s'efforcer de vivre selon la Wicca et cet effort rappelle que la pratique wicca ne se limite pas aux chandelles, aux athamés et aux chaudrons.

Lorsque nous faisons consciemment le choix d'unir intimement notre spiritualité à notre vie quotidienne, toute notre existence s'en trouve illuminée. Après tout, la Wicca ne consiste-t-elle pas à vénérer les sources de tout ce qui existe? Je peux difficilement concevoir que les enseignements de la Déesse et du Dieu n'ont de sens qu'au moment des sabbats et des esbats.

Pour vivre dans l'esprit de la Wicca, il n'est pas nécessaire de changer notre vie de fond en comble, de déménager au Tibet en abandonnant notre famille ou de consacrer chaque heure de nos journées aux célébrations rituelles. Souvent, les changements qui s'imposent sont de nature mentale et non physique. L'adoption d'une vision résolument positive, s'inspirant du principe « ne blesser personne », constitue un pas important pour vivre selon la Wicca. Cela représente aussi quelquefois une véritable gageure (en particulier lorsque l'on conduit aux heures de pointe ou que l'on se bat pour une place de stationnement.)

Les échecs ne comptent pas. Lorsque nous nous mettons en colère, nous pouvons nous dire que les déités sont elles aussi habitées par de pareilles émotions (même si nous ne consacrons pas de temps à invoquer ces aspects de la divinité). Si nous nous permettons de jeter un papier de bonbon par terre dans un moment de distraction, en nous penchant pour le ramasser, nous ne devons demander pardon à personne d'autre que nous-mêmes.

Lorsque l'on s'efforce de vivre selon la Wicca, on doit garder les deux points suivants à l'esprit : mythologiquement parlant, il n'y a rien que nous puissions faire que les déités n'ont déjà fait. (Rien ne peut les choquer). La compréhension de la Déesse et du Dieu est illimitée ; rien ne leur est étranger.

Deuxièmement, nous ne sommes pas sur cette planète pour obtenir le pardon de nos déités. Ce serait comme demander pardon à notre coiffeuse parce que nos cheveux ne cessent de pousser. La Terre est une salle de cours ; nous sommes les étudiants. Nous avons pour maîtres le karma, la vie, autrui et nous-mêmes, la Déesse et le Dieu, et nous ne pouvons connaître toutes les réponses. Les erreurs font partie de l'existence humaine. Répandez-vous en excuses si vous en avez envie, mais apprenez de vos erreurs et corrigez-les lorsque c'est possible ou nécessaire. Pardonnez-vous, puis passez à autre chose.

Lorsque nous connaissons les croyances et les pratiques fondamentales de la Wicca, l'étape suivante consiste en toute logique à vivre notre religion. Il nous appartient de déterminer dans quelle mesure celle-ci influencera nos vies.

J'ai voulu adresser ce guide non seulement à qui veut pratiquer la Wicca, mais aussi à qui veut la vivre. Il ne contient malgré tout que des idées et des suggestions. Chacun de nous doit découvrir la voie parfaite. Puissent la Déesse et le Dieu vous apporter leur aide dans cette quête.

Soyez bénis.

# GLOSSAIRE

Il s'agit à la fois d'un glossaire et d'un résumé des croyances et techniques usuelles de la Wicca. Je me suis efforcé de donner à ce glossaire un caractère aussi universel et éclectique que possible. Plusieurs traditions wiccas donnent une interprétation particulière à quelques-uns de ces termes et elles seront en désaccord avec moi. C'est bien ainsi. Les termes en italique dans le corps d'une définition renvoient à d'autres entrées du glossaire.

*Art, l'* : La Wicca.

*Athamé* : Couteau *rituel* wicca pouvant posséder une lame à deux tranchants et un manche de couleur noire. On utilise l'athamé pour diriger le *pouvoir personnel* pendant le *rituel*, mais très rarement pour couper des objets matériels. Le mot « athamé » est d'origine inconnue ; il existe des variantes orthographiques chez les wiccas et plus encore de prononciations différentes.

*Bâton* : L'un des *outils* rituels de la Wicca, le bâton est un instrument d'*invocation* servant habituellement à appeler la *Déesse* et le *Dieu*.

*Beltane :* Fête wicca célébrée le 30 avril pour marquer la fertilité naissante de la Terre (et, pour certains wiccas, l'union de la *Déesse* et du *Dieu*). Il existe des termes synonymes, dont la Veille de mai, Roodmas, la Nuit de Walpurgis et Cethsamhain.

*Bénédiction :* Pratique spirituelle ou religieuse consistant à conférer une énergie positive à une personne, un lieu ou une chose.

*Bolline :* Le couteau à manche blanc utilisé en magie et dans les rituels wiccas à des fins pratiques, par exemple, pour couper des herbes ou percer la peau d'une orange. Comparez avec *athamé*.

*But, le :* Voir *intention*.

*Cercle magique :* Sphère construite grâce au *pouvoir personnel* où se tiennent généralement les rituels wiccas. L'espace à l'intérieur du cercle est considéré comme un lieu où les wiccas peuvent rencontrer leurs déités. Le terme fait référence au cercle délimité par la sphère lorsqu'elle pénètre dans le sol, car celle-ci s'étend à la fois au-dessus et au-dessous de la terre. Le cercle magique est créé par la *magie*.

*Chance :* Capacité de l'individu de prendre des décisions opportunes et heureuses, d'agir avec à-propos et de se placer dans des situations favorables. La malchance résulte de l'ignorance et du refus d'accepter la responsabilité de ses actes.

*Charge :* Action d'accumuler de l'énergie dans un objet.

*Charme :* Pivot de la *magie populaire*, le charme consiste tout simplement en un rite magique, habituellement profane, comportant des passages récités à voix haute.

*Conscience de l'âme :* L'inconscient, ou subconscient, récepteur des impulsions de l'âme. La conscience de l'âme entre en activité pendant le sommeil, le rêve et la méditation.

*Conscience rationnelle :* La partie analytique, rationnelle de notre conscience, axée sur les phénomènes matériels. Comparez avec *conscience de l'âme*.

*Conscience rituelle :* État de conscience particulier indispensable pour pratiquer la magie avec succès. Le magicien accède à cet état par la *visualisation* et le *rituel*. Elle est le signe de l'harmonie qui existe entre la *conscience rationnelle* et la *conscience de l'âme*, un état qui permet au magicien de sentir les énergies, de leur donner un but, puis de relâcher ces énergies vers l'objectif magique. Elle se traduit par un affinement des sens, une conscience accrue du monde soi-disant immatériel, une communication avec la nature et avec toutes les forces qui sont à l'origine de toutes les représentations de la déité.

*Consécration :* Action de rendre sacré. Dans la Wicca, les outils employés dans les rites magiques et religieux sont consacrés par l'*énergie* au cours de rituels spéciaux.

*Coven :* Groupement de wiccas remplissant habituellement une fonction initiatique qui se rassemble pour des pratiques religieuses et magiques sous la direction d'une ou deux personnes. La plupart des covens exercent leurs activités au sein d'une *tradition* wicca spécifique.

*Cristallomancie :* Procédé consistant à fixer longuement une surface réfléchissante, les flammes ou l'eau afin d'entrer en contact avec la *conscience de l'âme*.

*Déesse, la :* Il existe autant de définitions de la Déesse qu'il y a de wiccas. En général, on la tient pour la créatrice de l'univers, la source suprême et inépuisable de fertilité, de sagesse, d'amour, de compassion, de guérison et de pouvoir. Souvent associée à la lune, à la terre et aux mers dans la pensée wicca, la Déesse a été vénérée par maintes religions sur toute la surface du globe à travers les âges.

*Dieu, le :* Dans la Wicca, le Dieu correspond généralement au principe masculin ; il est le complément parfait de la *Déesse*, souvent identifié au soleil, aux déserts et aux forêts, de même qu'aux animaux sauvages. Certains le considèrent comme le Seigneur de la mort et de la résurrection. Les wiccas célèbrent sa naissance, sa maturité, son union avec la Déesse et sa mort à l'occasion des huit *sabbats*. Le Dieu ne doit pas être confondu avec la conception que les chrétiens ont communément de « Dieu ».

*Divination :* Art magique consistant à découvrir ce qui est caché par l'interprétation de modèles ou de symboles obtenus en recourant au hasard. La divination est souvent désignée à tort sous le nom de « la bonne aventure ».

*Éléments, les :* Terre, Air, Feu et Eau. Ces quatre essences représentent les composants fondamentaux de l'univers ; ils sont depuis longtemps des sources magiques d'*énergie*.

*Encensoir :* Récipient résistant à la chaleur dans lequel on laisse brûler l'encens au cours du rituel. La Wicca l'associe généralement à l'*élément* Air.

*Énergie :* Terme générique désignant le pouvoir jusqu'à présent immensurable (mais bien réel) qui existe à l'intérieur de tous les objets et êtres naturels – y compris notre corps. L'énergie est utilisée par la *magie populaire*. Voir également *pouvoir personnel*.

*Esbat :* Rituel wicca célébré les jours ne correspondant pas aux huit *sabbats*. Les esbats coïncident souvent avec les pleines lunes, qui sont dédiées à la *Déesse*.

*Feu de joie :* Feu allumé à des fins magiques ou religieuses, généralement en plein air. La tradition veut que l'on allume des feux de joie aux fêtes de *Yule*, de *Beltane* et du *solstice d'été*.

*Fléau :* Ce qui détruit la vie, chose pernicieuse, destructrice, dangereuse ; le mal.

*Funeste :* Voir *fléau*.

*Gâteaux et vin :* Également connu sous le nom « Gâteaux et bière », ce repas rituel frugal est partagé avec la *Déesse* et le *Dieu*, le plus souvent à l'intérieur du *cercle*, peu avant la fin du rituel religieux. De tels repas rituels sont antérieurs à l'ère chrétienne.

*Grand prêtre :* Au sein d'un groupement wicca, l'un des deux chefs visibles du *coven*; homme assurant la codirection des rituels ou remarquable par sa sagesse, ses accomplissements et sa compétence. Le terme désigne généralement un homme qui a reçu non pas une, mais plusieurs initiations.

*Grande prêtresse :* Femme d'une grande expérience à la tête d'un *coven*; elle assure la direction ou la codirection des rituels ou se distingue par sa sagesse, ses accomplissements et sa compétence. Le terme désigne généralement une femme qui a reçu non pas une, mais plusieurs initiations.

*Herbes :* Terme désignant presque toutes les plantes utilisées en magie.

*Imbolc :* Fête wicca célébrée le premier ou le deux février pour souligner les premières manifestations du printemps.

*Initiation :* Processus par lequel un individu est admis dans un groupe, une religion, ou introduit à la connaissance d'un art ou d'un sujet particuliers. Les initiations peuvent avoir lieu dans le cadre d'un rituel ou de façon tout à fait spontanée.

*Intention :* Le but visé par les pratiques magiques.

*Invocation :* Appel ou requête adressés à un pouvoir supérieur (ou à des puissances supérieures). L'invocation est une méthode permettant d'établir des liens conscients avec ces aspects de la Déesse et du Dieu qui vivent en nous. L'invocation semble inviter les déités à se manifester à nous. En réalité, elle nous fait tout simplement prendre conscience de leur présence.

*Litha :* Fête religieuse wicca et époque où il est d'usage de pratiquer la magie. Également connue sous le nom de solstice d'été.

*Livre des Ombres :* Recueil d'éléments rituels wiccas consistant habituellement en des rituels religieux, des connaissances magiques et des enseignements. Il existe plusieurs Livres des Ombres, mais il n'y a pas de « seul et vrai » Livre des Ombres.

*Loi du triple :* Croyance wicca selon laquelle nos actions, tant positives que négatives, nous reviennent multipliées par trois.

*Lughnasadh :* Fête wicca soulignant la première récolte et célébrée le premier août.

*Mabon :* Fête religieuse wicca célébrée à l'occasion de l'équinoxe d'automne et marquant la seconde récolte.

*Magie :* Mouvement des *énergies* naturelles (quoique subtiles) dont le but est de créer un changement désiré et positif. La magie est le processus qui consiste à mobiliser et à accumuler cette énergie, à lui donner un but (grâce à la *visualisation*) puis à la libérer pour produire un changement. Il s'agit d'une pratique naturelle (non surnaturelle).

*Magie populaire :* Pratique de la magie utilisant le *pouvoir personnel*, de concert avec les *outils* naturels, dans un contexte profane, pour provoquer un changement positif.

*Méditation :* Réflexion, contemplation. Retour sur soi-même ou communion avec la déité ou la nature, selon que l'attention se tourne vers l'intérieur ou l'extérieur.

*Ostara :* Fête wicca célébrée lors de l'équinoxe du printemps, pour souligner la fertilité retrouvée de la Terre.

*Outils :* Mot très usité au sein de la Wicca pour désigner les objets matériels employés pour faciliter la célébration du *rituel* wicca (encensoirs, bâtons, chandelles, sel, eau et encens) ainsi que les processus intérieurs (entre autres, la visualisation et la concentration). Dans certaines formes de *magie*, ce terme englobe aussi les pierres, les herbes, les couleurs et diverses autres sources de pouvoir qui servent à opérer les *charmes*.

*Païen :* Du latin *paganus*, un paysan ou un villageois. De nos jours, ce mot sert généralement à désigner les fidèles de la Wicca et des autres religions polythéistes mettant en jeu la magie. Les païens ne sont pas satanistes, dangereux ou mauvais.

*Pentacle :* Objet rituel (généralement un cercle de bois, de métal, d'argile, etc.) sur lequel est dessinée, peinte ou gravée une étoile à cinq branches (*pentagramme*). Il symbolise l'élément terre. La Wicca n'emploie pas les termes « pentagramme » et « pentacle » de façon interchangeable.

*Pentagramme :* Étoile à cinq branches entrelacées (une pointe vers le haut) qui a longtemps rempli un rôle de protection. De nos jours, le pentagramme est lui aussi associé à l'*élément* terre. Le pentagramme n'a aucune connotation maléfique.

*Pouvoir :* Voir *énergie*; *pouvoir personnel*; *pouvoir de la terre*; *pouvoir divin.*

*Pouvoir de la terre :* Énergie qui existe à l'intérieur des pierres, des herbes, des flammes, du vent et des autres manifestations naturelles. C'est le *pouvoir divin* manifesté qui peut être invoqué pendant la *magie* pour créer un changement désiré. Comparez avec *pouvoir personnel.*

*Pouvoir divin :* L'énergie pure, intrinsèque, non manifestée, de la Déesse et du Dieu. La force vitale, la source ultime de tout ce qui existe. C'est avec cette énergie que les wiccas prennent contact au cours du *rituel.*

*Pouvoir personnel :* Énergie assurant le maintien de la vie physique. Au début, nous la recevons de notre mère biologique, à l'intérieur de l'utérus ; elle nous est fournie plus tard par la nourriture, l'eau, la lune et le soleil, ainsi que d'autres éléments naturels. Notre pouvoir personnel se libère par le stress, l'exercice, l'activité sexuelle, ainsi que pendant la conception et l'accouchement. La *magie* consiste habituellement dans le mouvement du pouvoir personnel visant un but spécifique.

*Prière :* Action de concentrer la pensée individuelle sur la déité et d'entrer en communication avec elle. La prière wicca est adressée à la *Déesse* et au *Dieu* (ou parfois à l'un ou à l'autre).

*Projection du cercle :* Procédé consistant à déplacer l'énergie positive issue du corps pour former une vaste sphère immatérielle de pouvoir où se tiennent généralement les rituels wiccas. Chaque rituel wicca commence habituellement par la projection du cercle. Le processus est également désigné par les expressions « mise en place du cercle » et « création de l'espace sacré ».

*Réincarnation :* Doctrine de la renaissance de l'âme dans un nouveau corps. Les incarnations répétées sous une forme humaine font partie d'un processus visant à l'évolution de l'âme immortelle et incorporelle. L'un des principes de la Wicca.

*Rite :* Voir *rituel.*

*Rituel :* Cérémonie constituée de gestes particuliers, de manipulations d'objets ou de pratiques intérieures visant à produire les effets désirés. Le rituel religieux est conçu en fonction de l'union avec le divin. Dans le domaine de la *magie*, il permet au magicien d'acheminer l'énergie vers les buts recherchés. Le *charme* est une forme de rite magique.

*Runes :* Caractères en forme de bâtonnets, dont certains sont des vestiges de l'ancien alphabet teutonique ; d'autres consistent en des pictogrammes. Toutes les formes de *magie* font de nouveau un usage considérable de ces symboles.

*Sabbat :* Fête religieuse wicca.

*Samhain :* Fête wicca célébrée le 31 octobre marquant les dernières récoltes et les préparatifs d'hiver.

*Sens contraire des aiguilles d'une montre :* Déplacement rituel dans le sens contraire au mouvement apparent du soleil dans le ciel. Comparez avec *sens des aiguilles d'une montre.*

*Sens des aiguilles d'une montre :* Sens traditionnellement donné au mouvement dans la magie blanche et dans les rituels wiccas. (Si vous êtes debout devant un arbre, déplacez-vous vers la gauche et faites-en le tour. C'est un déplacement dans le sens des aiguilles d'une montre.)

*Sensitivité :* Exercice conscient de la faculté sensitive supposant la coopération et l'union des forces de la *conscience de l'âme* et de la *conscience rationnelle.*

*Sorcellerie :* Art pratiqué par la sorcière. *Magie,* en particulier celle utilisant le *pouvoir personnel* concurremment avec les énergies intrinsèques des pierres, des herbes, des couleurs et autres objets naturels. Bien qu'elle puisse avoir une certaine coloration religieuse, la sorcellerie n'est pas par définition une religion. Toutefois, plusieurs fidèles de la *Wicca* désignent leur religion par ce terme. (Lorsque c'est le cas, le « s » initial doit être écrit en majuscules.)

*Sorcier/sorcière :* Dans l'Europe ancienne, praticien(ne) de la *magie populaire* préchrétienne et particulièrement de la magie associée aux herbes, à la guérison, aux puits, aux cours d'eau et aux pierres. Toute personne pratiquant la *sorcellerie.* Le sens de ce terme a par la suite été altéré délibérément pour désigner des êtres démoniaques et dangereux pratiquant une magie destructrice et représentant une menace pour la chrétienté. Cette dernière définition est complètement fausse. (Certains wiccas se définissent comme des sorciers et sorcières.)

*Tradition wicca :* Sous-groupe wicca doté d'une structure et d'une organisation spécifiques. Il remplit une fonction initiatique et comporte souvent des pratiques rituelles qui lui sont propres. Le *Livre des Ombres* constitue le fondement de n'importe quelle tradition et l'enseignement oral est réservé aux initiés. La majorité des traditions sont composées de plusieurs *covens,* qui, pour la plupart, reconnaissent les membres des autres traditions comme étant d'authentiques wiccas. Il existe plusieurs traditions wiccas, dont la plus célèbre est peut-être la gardnérienne.

*Union des mains (Handfasting) :* Dans la Wicca, union rituelle de deux êtres humains par les liens de l'amour, célébrée en présence de la *Déesse* et du *Dieu.*

*Visualisation :* Méthode de formation d'images mentales. La visualisation magique consiste à former en pensée une image du but recherché dans la pratique de la *magie.* Cette fonction est assurée par la *conscience rationnelle.*

*Wicca :* Religion païenne contemporaine trouvant ses origines spirituelles dans le chamanisme et dans les manifestations primitives du culte de la nature. La Wicca met l'accent, entre autres, sur le culte de la Déesse et du Dieu; la réincarnation; la magie; les rites de la pleine lune; les phénomènes astronomiques et agricoles; les temples sphéroïdaux créés par projection du *pouvoir personnel,* où se tiennent les rituels.

*Wicca solitaire :* Forme de Wicca pratiquée par un individu sans le soutien d'un groupe, soit de son propre choix soit par la force des choses.

*Yule :* Fête wicca célébrée vers le 21 décembre pour marquer la renaissance du Dieu Soleil de la Déesse Terre. Une époque de joie et de festivités au milieu des rigueurs de l'hiver. Yule coïncide avec le solstice d'hiver.

# BIBLIOGRAPHIE

Nombre de nouveaux ouvrages ont été publiés au cours des dernières années. Plusieurs sont en réimpression. Bien que je reconnaisse la valeur de tous ces ouvrages, je ne puis bien sûr être d'accord avec chacune des informations qu'ils contiennent. Je vous invite, comme toujours, à exercer votre sens critique dans vos lectures.

## WICCA

ANDERSON, Victor H. *Thorns of the Blood Rose.* Avant-propos Gwyddion Pendderwen (éditrice), Nemeton, 1980. Recueil de poésies sur le thème de la Déesse.

BOURNE, Lois. *Conversations With a Witch.* Londres, Robert Hale, 1989. Ouvrage sur la vie d'un wicca anglais.

CABOT, Laurie et COWAN, Tom. *Power of the Witch: The Earth, The Moon, and The Magical Path to Enlightenment.* New York, Delta, 1989. Une introduction à la Wicca et un guide de magie populaire.

CROWLEY, Viviane. *Wicca: The Old Religion in the New Age.* Wellingborough (Northamptonshire, Angleterre), Aquarian, 1989. L'un des rares ouvrages publiés à ce jour dont le titre renferme le terme «wicca».

CROWTHER, Patricia. *Witch Blood! The Diary of a Witch High Priestess.* New York, House of Collectibles, 1974.

FARRAR, Stewart. *What Witches Do: The Modern Coven Revealed.* New York, Coward, McCann and Geoghehan, 1971. Un ouvrage jetant un regard sur les activités d'un coven.

FARRAR, Janet et FARRAR, Stewart. *The Life and Times of a Modern Witch*. Custer (Washington), Phoenix, 1988. Un excellent ouvrage d'introduction à la Wicca.

GARDNER, Gerald. *The Meaning of Witchcraft*. Londres, 1959. Réimpression. Londres, Aquarian Press, 1971. Réimpression. New York, Magical Childe Publishing, 1984.

GARDNER, Gerald. *Witchcraft Today*. New York, Citadel, 1955. Réimpression. New York Magickal Childe Publishing, 1988. Le premier ouvrage publié sur la Wicca contemporaine.

GLASS, Justine. *Witchcraft, the Sixth Sense and Us*. North Hollywood, Wilshire, 1965, (photographies). En français : La Sorcellerie. Le sixième sens et nous, Paris, Payot, 1971.

MARTELLO, Leo Louis. *Witchcraft: The Old Religion*. Secaucus (New Jersey), University Books, s.d.

VALIENTE, Doreen. *Where Witchcraft Lives*. Londres, Aquarian Press, 1962. L'une des premières études sur la Wicca britannique et les traditions populaires du Sussex. Un livre à la fois charmant et intéressant.

## LIVRES D'INSTRUCTIONS

BUCKLAND, Raymond. *The Tree: The Complete Book of Saxon Witchcraft*. New York, Weiser, 1974. Guide couvrant tous les aspects de l'une des traditions wiccas.

BUCKLAND, Raymond. *Buckland's Complete Book of Witchcraft*. St. Paul, Llewellyn Publications, 1986.

BUDAPEST, Zsuzsanna. *The Holy Book of Women's Mysteries, Part 1*. Oakland, The Susan B. Anthony Coven n° 1, 1979.

CAMPANELLI, Pauline et CAMPANELLI, Dan. *Wheel of the Year : Living the Magical Life*. St. Paul, Llewellyn Publications, 1989. Dans ce recueil éminemment pratique et intéressant, ces deux auteurs wiccas ont réuni des informations et des activités concernant la magie, le paganisme et la Wicca pour chacun des mois de l'année. Un pur plaisir.

CROWTHER, Patricia. *Lid Off The Caldron: A Handbook for Witches.* Londres, Robert Hale, 1981. Un autre livre d'instructions.

FARRAR, Janet et FARRAR, Stewart. *Eight Sabbats for Witches.* Londres, Robert Hale, 1981. En plus des rituels des sabbats, ce livre présente les origines du premier Livre des Ombres dans un nouvel éclairage, avec le concours gracieux de Doreen Valiente.

FARRAR, Janet et FARRAR, Stewart. *The Witches' Way: Principles, Rituals and Beliefs of Modern Witchcraft.* Londres, Robert Hale, 1984. Des révélations additionnelles sur Le Livre des Ombres gardnérien accompagnées de plusieurs renseignements pratiques. À noter qu'une réimpression de ce livre incluant Eight Sabbats for Witches, ouvrage des mêmes auteurs publié par Magickal Childe Publishing, est parue sous le titre A Witches Bible Compleat.

FITCH, Ed. *Magical Rites From the Crystal Well.* St. Paul, Llewellyn Publications, 1984. Recueil de rituels néo-païens pour toutes les occasions.

GREEN, Marian. *A Witch Alone: Thirteen Moons to Master Natural Magic.* Londres, Aquarian Press, 1991. Un ouvrage hors du commun; chaque chapitre inclut des leçons conçues pour faire progresser le lecteur dans la connaissance de la magie et de la Wicca à l'aide de leçons. Bien qu'il ne se limite pas à la Wicca, le livre est bien fait et s'adresse manifestement aux lecteurs britanniques.

K., Amber. *How to Organize a Coven or Magickal Study Group.* Madison (Wisconsin), Circle Publications, 1983. Le livre contient des indications précises à cet effet.

SLATER, Herman (éditeur). *A Book of Pagan Rituals.* New York, Weiser, 1974. Un autre recueil de rituels, empruntés cette fois à la tradition païenne.

SLATER, Herman (éditeur). *Pagan Rituals III: Outer Court Training Coven.* New York, Magical Childe Publishing, 1989. La première partie de ce livre est la réimpression de The Witchcraft Fact Book, du regretté Ed Buczynski. La deuxième partie est constituée de la version intégrale d'un Livre des Ombres « de la cour extérieure » (c'est-à-dire, n'ayant pas un caractère initiatique) rédigé à l'origine pour des élèves d'une tradition galloise.

STARHAWK. *The Spiral Dance*. San Francisco, Harper and Row, 1979. Ce guide consacré au culte de la Déesse fait autorité.

VALIENTE, Doreen. *Witchcraft For Tomorrow*. Londres, Robert Hale, 1978. En plus d'un Livre des Ombres incomplet, ce livre comporte plusieurs chapitres traitant différent aspects de la Wicca.

VALIENTE, Doreen et JONES, Evan. *Witchcraft: A Tradition Renewed*. Custer (Washington), Phoenix, s. d. Une étonnante reconstitution des rituels et des croyances de Robert Cochrane dont les traditions wiccas de la Régence s'inspirèrent en partie. Un livre qui tranche avec tout ce qui a été publié auparavant.

WEINSTEIN, Marion. *Earth Magic: A Dianic Book of Shadows*. New York, Earth Magic Productions, 1980. Réimpression. Custer (Washington), Phoenix, 1986. Un guide unique, très différent des autres. Le Livre des Ombres est peut-être incomplet, mais il s'agit à n'en pas douter d'un ouvrage fascinant et utile.

# ÉTUDES SUR LA DÉESSE

DOWNING, Christine. *The Goddess: Mythological Images of the Feminine*. New York, Crossroad, 1984.

GIMBUTAS, Marija. *The Goddesses and Gods of Old Europe*. Berkeley, The University of California Press, 1982.

GIMBUTAS, Marija. *The Language of the Goddess*. San Francisco, Harper & Row, 1989. Une œuvre monumentale, saisissante, renfermant plusieurs photographies et illustrations.

GRAVES, Robert. *The White Goddess*. New York, Farrar, Straus and Giroux, 1973. En français : *Les Mythes celtes : la Déesse blanche*, Rocher, 1989.

NEUMANN, Erich. *The Great Mother: An Analysis of the Archetype*. Princeton, Princeton University Press, 1974. Une approche jungienne du thème de la Déesse. En guise de conclusion, l'auteur propose 185 pages de photographies de représentations de la Déesse.

STONE, Merlin. *When God Was a Woman*. New York, Dial Press, 1976. En français : *Quand Dieu était femme*, Étincelle, 1989.

WALKER, Barbara. *The Woman's Dictionary of Symbols and Sacred Objects*. San Francisco, Harper & Row, 1988.

WALKER, Barbara. *The Woman's Encyclopedia of Myth and Secrets*. San Francisco, Harper & Row, 1983.

# OUVRAGES DE RÉFÉRENCE SUR LA WICCA

ADLER, Margot. *Drawing Down the Moon: Witches, Druids, Goddess-Worshippers, and Other Pagans in America Today.* Édition revue et augmentée. Boston, Beacon Press, 1986. Une lecture incontournable, car elle offre une vue d'ensemble de la Wicca et du paganisme contemporain. Inclut des photographies.

BURLAND, C.A. *Echoes of Magic : A Study of Seasonal Festivals Through the Ages*. Londres, Peter Davies, s.d. Une étude captivante sur le symbolisme des fêtes saisonnières [sabbats] réalisée par un spécialiste des traditions populaires. L'intérêt particulier de l'auteur pour les questions sexuelles et la joie qu'il éprouve à écrire sur ce thème transparaissent dans ce livre qui demeure une remarquable source d'informations.

FARRAR, Janet et FARRAR, Stewart. *The Witches' God : Lord of the Dance*. Custer (Washington), Phoenix, 1989. Une étude portant entièrement sur le Dieu de la Wicca. Photographies.

FARRAR, Janet et FARRAR, Stewart. *The Witches' Goddess*. Custer (Washington), Phoenix, 19??. Photographies.

GUILEY, Rosemary. *The Encyclopedia of Witches and Witchcraft*. NewYork, Facts on File, 1989. Une encyclopédie bien documentée, d'une lecture agréable.

KELLY, Aidan A. *Crafting the Art of Magic : A History of Modern Witchcraft, 1939-1964*. St. Paul, Llewellyn Publications, 1991. Une reconstitution spéculative de la naissance de la Wicca moderne.

MATHERS, S.L. MacGREGOR (éditeur et traducteur). *The Key of Solomon the King*. New York, Weiser, 1972. En français : *Clavicules de*

*Salomon*, Paris, Éditions Trajectoire (Les classiques de l'ésotérisme), 1997. Certains rites wiccas modernes sont inspirés de cet ouvrage. La Wicca a également emprunté quelques symboles des Clavicules.

VALIENTE, Doreen. *The Rebirth of Witchcraft*. Londres, Robert Hale, 1989. Réimpression. Custer (Washington), Phoenix, 1989. Une importante contribution à l'histoire récente de la Wicca. Un ouvrage instructif et passionnant.

## MAGIE

HOWARD, Michael. *The Magic of Runes*. New York, Weiser, 1990.

HOWARD, Michael. *The Runes and Other Magical Alphabets*. New York, Weiser, 1978.

K., Amber. *True Magick : A Beginner's Guide*. St. Paul, Llewellyn, 1990. Un ouvrage d'introduction à la magie populaire axé fondamentalement sur la Wicca.

KOCH, Rudolph. *The Book of Signs*. New York, Dover, 1955.

MATHERS, S.L. MacGREGOR (éditeur et traducteur). *The Key of Solomon*, The King. New York, Weiser, 1972. En français : *Clavicules de Salomon*, Paris, Éditions Trajectoire (Les classiques de l'ésotérisme), 1997.

PEPPER, Elizabeth et John WILCOX. *Witches All*. New York, Grosset et Dunlap, 1977. Un recueil de magie populaire tiré du célèbre *Witches' Almanac*, de nouveau publié annuellement.

TYSON, Donald. *Rune Magic*. St. Paul, Llewellyn Publications, 1988.

VALIENTE, Doreen. *Natural Magic*. New York, St. Martin's Press, 1975.

WEINSTEIN, Marion. *Positive Magic : Occult Self-Help*. New York, Pocket Books, 1978. Une merveilleuse introduction à la magie. On a aussi publié une édition augmentée de cet ouvrage.

# TABLE DES MATIÈRES

IMPRESSION
IMPRIMERIE GAGNÉ

IMPRIMÉ AU CANADA